Rhein-Handbuch 2

Karin Brundiers und Gerd Fleischhauer

Rhein-Handbuch 2

Von Koblenz bis Lobith (Grenze)

DSV-Verlag GmbH, Hamburg

Hinweis

Alle für die Erstellung dieses Buches benutzten Dokumentationen, Materialien und Unterlagen wurden sorgfältig ausgewertet. Wegen der Möglichkeit kurzfristig oder zwischenzeitlich eingetretener Änderungen oder eventueller Falschinformationen kann für die in diesem Handbuch veröffentlichten Angaben und Daten keine Gewähr übernommen werden.

---

6. Auflage 1991

DSV-Verlag GmbH,
Gründgensstraße 18, 2000 Hamburg 60

Kartengestaltung: Karin Brundiers

Fotografie: Karin Brundiers, Gerd Fleischhauer

Druck: Busse-Druck, Herford

ISBN: 3-88412-106-5

Seit 1975 dient nunmehr das Rhein-Handbuch 2 vielen Sportschiffern zur „Navigation“ auf der Rheinstrecke von Koblenz bis zu den Niederlanden. Die mit dem Handbuch gleichzeitig entstandene Kooperation zwischen der Kreuzer-Abteilung des DSV und dem Deutschen Motoryachtverband hat sich in den 15 Jahren bestens bewährt und viele Sportschiffer zu einer fruchtbaren Zusammenarbeit mit den Autoren animiert. Für die gute Mitarbeit und die vielen Angaben sowie die mannigfachen Hinweise und Unterlagen von den Wasser- und Schiffahrtsdirektionen Südwest und West, den diesen unterstellten Wasser- und Schiffahrtsämtern und für die zahlreichen Tips aus den Dienststellen der Wasserschutzpolizeibehörden von Hessen und Nordrhein-Westfalen wird an dieser Stelle gedankt. Danken möchten die Autoren auch den Schiffsführern der Berufsschiffahrt, die mit ihrem Wissen und ihrer fundierten Praxis so manchen guten Ratschlag gaben.
Zwischen den Recherchen zur Bearbeitung der jetzigen 6. Auflage und dem Erscheinen liegt ein Jahr. Für fehlerhafte und nicht nachprüfbare Mitteilungen sowie für zwischenzeitlich aufgetretene Veränderungen oder Neuerungen kann in dem Handbuch keine Gewähr übernommen werden. Die Autoren bitten deshalb die Benutzer, auch weiterhin ihre Arbeit zu unterstützen. Eventuelle Mitteilungen sind an die Kreuzer-Abteilung des DSV, Hamburg oder Köln, an den Deutschen Motoryachtverband e. V., Hamburg, oder an den DSV-Verlag GmbH, Hamburg, zu senden.
Die Kreuzer-Abteilung des DSV, der Deutsche Motoryachtverband e. V. sowie die Autoren hoffen, mit dem Rhein-Handbuch 2 allen Sportschiffern die Fahrt auf dem Rhein zwischen Koblenz und Lobith zu erleichtern und so im Zusammenleben mit der Berufsschiffahrt zur Erhaltung der Sicherheit und Leichtigkeit des Verkehrs auf der meistbefahrenen Wasserstraße Europas beizutragen.

Hamburg 1991

Kreuzer-Abteilung des DSV
Info-Stelle Binnengewässer

Inhalt

„Nur selten aber wagt sich aus unserem Mittelmeer ein Schiff in jenes unermeßliche im Norden Germaniens sich ausdehnende Meer, das sozusagen schon einer anderen Welt angehört. Ferner, ganz abgesehen von den Gefahren in diesem schaurigen unbekannten Meer, wer hätte sich denn überhaupt entschließen sollen, unsere blühenden Provinzen in Kleinasien oder in Nordafrika oder gar Italien selbst zu verlassen und nach Germanien auszuwandern. Nach jenem Teil der Erde, der so völlig bar ist aller landschaftlichen Reize, so rauh im Klima, trostlos zum Leben und trostlos zum Anschauen für jeden, dem es nicht gerade Heimat ist!"

Diesen Text schrieb Publius Cornelius Tacitus (55–116 n. Chr.) in seiner „Germania", einer 46 Kapitel umfassenden Studie über die nördlich der Alpen gelegenen römischen Besatzungsgebiete. Er kannte die Region nur vom Hörensagen. Die undurchdringlichen, bis an die Ufer reichenden Wälder, die vielen Inseln, die Mäander und die verschlungenen Nebenarme des großen, von den Alpen zur Nordsee fließenden Rhenus fluvius hat der bedeutende Historiker nie mit eigenen Augen gesehen. Lange bevor die „Germania" niedergeschrieben wurde und lange bevor römische Legionäre zum Sturm auf die nördlichen Regionen antraten, war Gallien im Mittelmeer-Raum kein Unbekannter mehr. Bernstein- und Eisenwarenhändler aus dem hohen Norden haben schon mit den dortigen Anwohnern geschwätzt und Handel getrieben, als die sagenhaften Gründer Roms Romulus und Remus als Babies an der kapitolinischen Wölfin säugend ihre tägliche Nahrung empfingen.

Ein von Schulden, Wein, Weib und mittelmäßiger Dichtkunst mehr schlecht als recht lebender, aber hochintelligenter, aus einer alten Patrizierfamilie stammender Mensch machte Gallien und Britannien den Römern untertan. Nach Durchlaufen eines etwas zweifelhaften politischen Lebensweges und um seinen Tatendrang mit einem Lorbeerkranz zu zieren, marschierte dieses Individuum, Gaius Julius Caesar genannt, 58 v. Chr. mit sechs Legionen (30 000 Mann) über die Alpen, dezimierte die Helvetier, trieb die Germanen auf die rechte Rheinseite, besiegte die Belger, setzte über den Ärmelkanal und badete seine Füße an den Gestaden der Themse. Über eine von den römischen Pionieren in 10 Tagen errichtete Brücke drangen die kampferprobten caesarischen Soldaten kurzzeitig auch in germanische Gefilde vor. Diese erste Rheinbrücke (55 v. Chr.) – vermuten Wissenschaftler – soll im Raume Koblenz/Andernach gestanden haben.

Kölner Aak: Um 1550.

Amsterdam'sche Aak: Ende 17. Jh.

Caesar beschreibt in seinem Buche „De bello Gallico" mit beeindruckender Akribie nicht nur den technischen Ablauf des Brückenschlages sondern geht auch auf von ihm entwickelte Konstruktionsverbesserungen ein. Nach diesen Aufgaben sowie Ergebnissen neuzeitlicher Ausgrabungen von später erbauten römischen Rheinbrücken, konnten Archäologen originalgetreue Rekonstruktionen nachbilden. Aber – an welchem geographischen Punkt das römische Ingenieurkorps dieses Wunderwerk aufstellte, darüber schweigt G. J. C. und bis auf den heutigen Tage sind eventuell vorhandene Reste unauffindbar.

Als die Römer gen Norden vorstießen, gebrauchten sie alle schiffbaren Wasserwege, um nicht nur die Legionen, sondern auch den Nachschub in die eroberten Gebiete zu befördern. Die Fahrzeuge der keltischen und germanischen Ureinwohner, flachbodige Gebilde mit schrägauflaufendem Bug, winkelig angebrachten Seitenwänden und Spiegelheck, dienten den Römern vermutlich für den Schwertransport. Die schnellen und wendigen Rhein-Kriegsschiffe entsprachen dem Mittelmeerschiffstyp. Grabdenkmäler zeigen datailliert diese fast überall einsetzbaren Boote. Zum Antrieb verwandten die römischen Schipper Ruder und Segel, so daß sie auch in der Bergfahrt bis auf besonders strömungsstarke Bereiche von der althergebrachten Methode des Treidelns unabhängig waren.

„Confluentes" benannten die römischen Legionäre im Jahre 9. v. Chr. ihr an Mosel und Rhein hochgezogenes Kastell. Die strategisch günstige Position erlaubte nicht nur die Überwachung der Versorgungswege von Mainz zum Niederrhein, sondern auch die Kontrolle der Rhein- und Moselschiffahrt. Als im Laufe der nächsten Jahrzehnte Ober- und Niedergermanien zur Ruhe kamen, veränderten die Militärniederlassungen ihr Gesicht. Von Legionslagern wuchsen sie zu Handels- und Handwerksstädten heran. An ihren Ufern machten Frachtschiffe vom Ober- und Niederrhein, Neckar, Main und Mosel fest, beladen mit Waren des täglichen Bedarfs aus aller römischer Herren Länder. Der Nachschub von Legionären und Kriegsmaterialien zum Schutze der gallischen Provinzen stand nicht mehr im Vordergrund. Die in den Häfen manövrierenden Kriegsschiffe diente derzeit hohen Verwaltungsbeamten und Militärs als Fortbewegungsmittel zu anderen Regionen. Patrouillenschiffe lagen an den Kais um Schiffsausrüstungen und Proviant für den nächsten Einsatz aufzufüllen. Laut und lebhaft wird es an den Ufern zugegangen sein und aus den Hafentavernen sahen aktive und pensionierte Legionäre, genüßlich Moselwein schlürfend, dem bunten Treiben zu.

Zur Absicherung gegen die immer wieder vom rechten Rheinufer vorstoßenden Germanenstämme ließ Nero Claudius Drusus (38-9 v. Chr.) entlang des Stromes in einem Abstand von ca. 20 Kilometern zueinander, 50 Kastelle aufrichten und diese mit festen, gepflasterten Straßen verbinden. Es ist wohl anzunehmen, daß fast jedes dieser Befestigungswerke über Anlandemöglichkeiten und etliche nach späterem Ausbau zur Stadt gar über einen Hafen verfügten. Von Köln und Xanten sind fest gebaute Kaianlagen mit bis zu 6 Tonnen Last tragende Kranen bekannt. Nach der Konsolidierung des römischen Reiches entstanden Werftbetriebe, von denen der größte am Niederrhein in Xanten arbeitete. Auf der Xantener Werft wurde im Auftrage des Drusus die Flotte erbaut, mit der er seine Legionen im Jahre 12. v. Chr. durch die Niederlande zur Ems beförderte. Hierzu nutzte er vermutlich die von seinen Pionieren gegrabene „ fossa Drusiana".

Bonn: Fliegende Brücke – Zeitgenössische Darstellung um 1840.

Der bis heute noch nicht zu lokalisierende Kanal hat auf irgendeine Weise den Rhein direkt oder indirekt mit dem Ijsselmeervorläufer, dem Flevomeer verbunden.

Rege muß die Schiffahrt auf dem Rhein gewesen sein. So wie Waren aus Rom auf Schiffen über Rhône und Saône, weiter über gut ausgebaute Straßen zum Rhein oder Mosel und von dort per Schiff nach Koblenz, Andernach, Bonn, Köln, Xanten sowie zu kleineren Niederlassungen expediert wurden, gingen rheinische Produkte in das südliche römische Reich. Spezielle Töpferei- und Glaswaren vom Rhein sind bei Ausgrabungen bis weit in den Mittelmeerraum hinein gefunden worden. Erzeugnisse aus den römischen Manufakturen kamen bei Erdfunden am Rhein zutage. Die Römisch-Germanischen Museen sind voll davon. Neben diesen zeigen sie auch Grabmale, deren Texte Leuten aus der Schiffahrt gedenken: „Dem Lucius Valerius Verecundus aus Rouergue, Soldat der 1. Flottenkohorte aus der Centurie des Ingenuus, Alter 25 Jahre, Dienstjahre 4. Der Erbe hat gemäß dem Testament (diesen Stein) machen lassen“, Fundort dieses aus der 2. Hälfte des 1. Jh. stammenden Steines ist Köln.

Um 460 räumten die Römer – dem ständigen und immer stärker werdenden Druck der Germanenstämme aus dem Norden konnten sie auf Dauer nicht mehr standhalten – das Niederrheingebiet. 475 verließen die römischen Verwaltungsbehörden ihre letzte Bastion, die Stadt Trier.

Franken zogen in die meist zerstörten und fast entvölkerten Städte ein. Die Ureinwohner, dank der 400-jährigen römischen Liberalität von ihrem vorrömischen Kulturgut nicht allzuweit entfernt, gingen zur Tagesordnung des Wiederaufbauens über. Eingemeindete römische Veteranen, Kaufleute, Handwerker und frisch aus dem Norden ankommende Germanen unterstützten das Unternehmen. Langsam kam Ordnung in die durcheinandergewürfelten Reste. Alle Dinge des täglichen Daseins, einschließlich Krieg, Mord und Totschlag, waren alsbald wieder vorhanden – an Kultur dachte keiner. Bis zu Kaiser Karls Zeiten sind nur Urkunden und Texte geschrieben worden, in denen von Kloster- und Kirchengründungen sowie von Verträgen zwischen Kaisern,

Köln: Räderboot „Mannheim VI“, erbaut 1884.

Köln: Schraubenboot „Mathias Stinnes IV“, erbaut um 1905.

Königen und anderen Fürsten die Rede ist. Das Leben des kleinen Mannes interessierte keinen, Pergament und Tinte waren kostbar. Somit können über die Rheinschiffahrt und ihre Fahrzeuge nur Vermutungen angestellt werden, die angelegentlich durch archäologische Funde ihre Bestätigung finden. In wesentlich später niedergeschriebenen Vitae, Legenden und Sagen wird von Fahrten auf dem Rhein berichtet: Der kriemhildfreiende Jung-Siegfried mußte, um Herzallerliebste und deren Verwandte zu beeindrucken, mit einer ansehnlichen Flotte von Xanten nach Worms segeln. St. Apollinaris hatte auch noch nach seiner Enthauptung einen dicken Kopf; denn als man diesen als Reliquie per Schiff nach Köln bringen wollte, legte das Fahrzeug von allein in Remagen an und keiner der Schiffsleute war in der Lage, den schwimmenden Untersatz fortzubewegen. Mitreisende setzten die St.-Apollinaris-Überreste an Land, das Schiff legte sogleich ab. Der Heilige hatte gewonnen – er blieb in Remagen und ziert heute mit seinem Namen so manche Sprudelwasserflasche.

Ein Drache, der in oder bei den sieben Bergen hauste, soll mit seinem Feueratem vorbeifahrende Schiffe in Brand gesetzt und versenkt haben. Eine nützliche Erklärung zu seinem Tun wird aus der Legende nicht ersichtlich. Eines Tages war das Spiel vorbei; denn – eine gewaltige Explosion erschütterte das Siebengebirge in den Grundfesten. Er, der Drache, hatte vor seinem Feuerzauber nicht die Fracht eines vorüberfahrenden Schiffes geprüft – sie bestand aus Pulver. Nicht nur die Legenden und Sagen beschreiben eine Schiffahrt auf dem Rhein. Aus verschiedenen Annalen wird von Rheinreisen der Merowingerkönige oder Karls des Großen (742–814), seines Sohnes Ludwig des Frommen (778–840), von dessen Söhnen und später nicht familien-zugehörenden kaiserlichen oder königlichen Nachfolgern berichtet.

Wie aber die Fahrzeuge aussahen, wie sie gebaut waren, welche Fahreigenschaften sie besaßen, ob sie unter Segel fuhren, gerudert oder getreidelt wurden, ob Menschen, Pferde oder Kühe als Zugkräfte dienten – über das alles schweigen die Quellen. Experten vermuten, daß die keltische

Schiffsbautradition beibehalten wurde. Formen der Keltenfahrzeuge sind bei Rheinnachen, früheren Ponten und den modernen Gütermotorschiffen wiederzufinden.

Staunend mögen die rheinischen Schiffsbauer des 9. Jh. vor den schlanken, auf Klinker gebauten schnellen, binnen und buten verwendbaren Wikingerbooten gestanden haben. Nachdem die kampferprobten, rotbärtigen Hünen jahrzehntelang die nordeuropäische Festlandküste mit ihren räuberischen Überfällen heimgesucht hatten, zogen sie zum Rhein. Anfang 882 verwandelten sie Neuß, Köln und Bonn in rauchende Trümmerhaufen. Etwas später landeten Langschiffe in Koblenz, einige Tage später in Trier. Die alte Römerstadt stand, nach überlieferten Augenzeugenberichten, von Gründonnerstag (5. April 882) bis Ostermontag (10. April 882) in hellen Flammen. Blitzschnell erfolgte der Rückzug in die niederländischen Stützpunkte. Kaiser Karl der Dicke (839–888) versammelte zur gleichen Zeit bei Andernach ein großes fränkisches Heer, um den Nordmännern in ihrem Lager bei Elsloo „Mores" beizubringen. Dort angekommen, ließ der dicke Karl dem leitenden Wikingerkönig Gottfried zwischen 2000 und 2500 Pfund Gold sowie Silber überbringen. Spendengrund: Der Wikinger sollte kampflos die Region verlassen. Der freundliche Karl bot ihm darüber hinaus den Beitritt zum Christentum an. Als Taufgeschenk bekäme Gottfried das Land der Friesen zum Lehen. Vergnügt über soviel kaiserlichen Schwachsinn stimmte Gottfried dem Handel zu, trat zum Christentum über und zog in das bequem erworbene neue Land mit dem riesigen Rheindelta. Dann nahm er seine alten, gegen die fränkische Bevölkerung gerichteten Überfälle nach bewährtem Schnittmuster wieder auf, nur – diesmal als kaiserlicher Unterfürst und im Zeichen des Kreuzes.

Der Rhein mit seinen zahlreichen befahrbaren Nebenflüssen trug mit dazu bei, die mittelalterlichen Rheinstädte zu nordeuropäischen Handelszentren aufsteigen zu lassen. Die Welthandelsmetropolen lagen im Mittelmeer. Von ihnen gelangten vorderasiatische Tuche, indische Spezereien und Preziosen entweder über die Alpen, die schiffbare Donau oder den Rhône-Saône-Weg nach

Köln: Personenraddampfer „Albertus Magnus", erbaut 1906. Jungfernfahrt.

Köln: Berninghauswerft 1925.

Basel, Strasbourg, Mainz, Koblenz. Die Erzeugnisse des Nordens nahmen zu den mediterranen Kaufmannszentralen den umgekehrten Weg. Neuartige Frachtschiffe, entwickelt nach flußspezifischen Einsatzmöglichkeiten, landete in den Häfen an. Schifferzünfte und Bruderschaften sorgten für gewerbliche Ordnung und festgesetzte Ausbildungsvorschriften. Die Zunftmeister hielten strenge Zucht und tätigten die überregionalen wirtschaftlichen Verhandlungen zwischen den Schippern und der Obrigkeit. Eines bekamen sie aber nicht in den Griff: Raubritter und Zölle.

Die Landstraßen entlang des Rheines, ein Erbe Roms, müssen, wie zeitgenössische Annalenschreiben berichteten, in einem restlos desolaten Zustand gewesen sein. Keiner der großen und kleinen Landesfürsten gab je eine müde Mark zur Reparatur der wirtschaftlich so wichtigen Verbindungswege aus. Die Fuhrleute hätten diesen Zustand sicherlich weiterhin in Kauf genommen, wenn nicht die vielen, links und rechts des Rheines in mächtigen Burgen wohnenden Ritter gewesen wären. Einstmals, zu Zeiten der ritterlichen Tugenden, boten sie den Kaufleuten Schutz gegen raubendes Gesindel. Geldmangel, Erbstreitigkeiten, moralischer Niedergang, Fehden mit den Nachbarn und die Abseitsstellung im politischen Handeln erzeugten bei den vormals geschätzten kaiserlichen Kampfgenossen eine Situation, die heute unter dem Begriff Frust gehandelt wird. Die Burgherren bauten diesen ab indem sie das Raubrittertum auf ihre Schilde hoben.

Ein mit einigen Transportwagen und ausgewählter Ware von Mainz nach Köln reisender Kaufmann erreichte oftmals sein Ziel nur mit den seine Blößen bedeckenden Kleidungsstücken. Alles andere verschwand in den tiefen Gängen und Kellern der Burgen. Nach den trüben Erfahrungen verlagerten die Kaufleute den Transport ihrer Waren aufs Wasser. Die Schiffsfahrt verlief angenehmer, schneller und sicherer. Aber nicht lange. Die Ritter fingen nunmehr die Schiffe ab und kaperten sie. Den Weg der Ware und die weiteren Folgen: Siehe oben. An der Spitze der

Raubritterkunst standen rühmlich die Burgherren von Sooneck und Falkenburg. Den rheinischen Handelsstädten, Kaufleuten sowie Reichsoberen platzte ob des Tuns der Kragen. Rudolf von Habsburg (1218–1291) marschierte mit seinen Truppen durchs Rheintal, eroberte die Raubnester und kopulierte die fürstlichen Strauchdiebe mit des Seilers Tochter.

Gegen das Rheinzollunwesen kämpften die rheinischen Handels- und Schiffsleute bis zur Verabschiedung der Mainzer Rheinschiffahrtsakte von 1831 vergeblich. Zwischen Strasbourg und der niederländischen Grenze bestanden zeitweise 32 „amtliche" Zollstellen. Weitere „private" betrieben die dicht an dicht sitzenden Burg- und Landesherren. Mit den leicht zu erwerbenden Einnahmen füllten Kurfürsten, Bischöfe und Rheingrafen kräftig ihre meist leeren Schatullen auf.

Die betroffenen Schiffer konnten nicht schnurstracks von Mainz nach Köln fahren. Sie mußten von einer Zollstelle zur anderen überwechseln. Diese Widrigkeiten, die politischen Wirren des

Düsseldorf: Otter, Ende 18. Jh. – Zeitgenössische Darstellung um 1800.

16./17. Jh. sowie der Niedergang der rheinischen Handelsmetropolen, führten zu einem fast völligen Erliegen der Niederrheinschiffahrt. Nur die Flößer mit Fahrrichtung Holland waren noch im Geschäft. Die Niederländer bedurften zum Bau ihrer Übersee-Handelsschiffe ganz besonders des Schwarzwälder Holzes.

Die niederländischen Schiffer erkannten die Marktlücke und übernahmen den Frachtverkehr. Langsam zu Berg treidelnde dickbauchige flachgehende Schiffe, sogenannte holländische Tjalken, brachten neben gesalzenen Fischen die Erzeugnisse der überseeischen Kolonien von den aufstrebenden Küstenhäfen Brügge, Gent, Antwerpen und Amsterdam zu den Städten an Rhein, Neckar, Main und Mosel. Edle Weine des Rheingaues, Mühlsteine aus dem Basaltgebiet um Andernach füllten die Laderäume auf der Rückreise. Zielhafen: Dordrecht, der im 17. und 18. Jahrhundert größte niederländische Binnenhafen und Stapelplatz. Etwa 1300 niederländische Fahrzeuge und rund 3000 Pferde hielten die Frachtschiffahrt auf dem Rhein über zwei Jahrhunderte aufrecht.

Seit vorgeschichtlichen Zeiten half das natürliche Gefälle des Rheins der Talschiffahrt, während zu Berg getreidelt wurde. In mannigfachen früheren Darstellungen besitzen die Rheinschiffe beachtliche Masten. Solche dienten nicht zum Segeln sondern als Treideleinrichtungen. Am Anfang dieser besonderen Schlepptechnik belegten die Schipper das Treideltau um den Mastfuß. Fahrtechnische Probleme führten zur Verfeinerung dieses Systems und am Ende der Entwicklung stand ein hoher starker Mast, der über kompliziert laufendes Gut mit dem Treideltau verbunden war. Vier, je nach Wasserstand bis zu zwanzig vorgespannte Halfterpferde oder durchs Wasser watende Ruder- und Ladeknechte zogen das Schiff mühselig stromauf. Die von den Landesherren instandzuhaltenden „Leinpfade“ lagen, zollstellenberücksichtigend, abwechselnd auf dem rechten oder linken Ufer. Von den Schippern verlangte Wechselmanöver erforderten ein hohes Maß an schiffahrtstechnischem Können.

Erst die beginnende Industrialisierung der Ober- und Niederrhein-Gebiete ab Mitte des 19. Jh. konnte das miserable rheinische Verkehrswesen zu Lande und zu Wasser verbessern. Die unterschiedlichen Interessen von im Jahre 1798 gezählten 47 größeren sowie 30 kleineren Territorien und 75 landbesitzenden Mitgliedern der Reichsritterschaft verhinderten oder verzögerten vormals eine einigermaßen einheitliche Verkehrspolitik. Die Straßen waren nicht gepflastert. Die Leinpfade am Rhein und seinen Nebenflüssen wurden nur noch in den Akten als bestehend geführt. Kutscher, Fuhrwerke und Pferde beförderten Transportgüter durch immer tiefer werdende Schlaglöcher oder mehr und mehr gefurchte Radspuren. In trockenen Wochen atmete der Schwager pfundweise aufgewirbelten Staub ein, nach tagelangen Regenfällen versanken die Pferde und Wagen im Schlamm und bei Schneefall oder Frost kam der „Straßenverkehr“ fast zum Erliegen. Abgelaufenes Hochwasser zwang die Schiffer neuentstandene Fahrrinnen aufzuspüren, Treidelknechte prügelten ihre Pferde über unterspülte Uferbereiche.

Jedes Hochwasser erzeugte neue Wasserlandschaften. Die Fahrrinne lag „gottweißwo“. Ein historischer Durchstich, veranlaßt auf Weisung Friedrich Wilhelm I. von Brandenburg (Großer Kurfürst, 1620–1688), sicherte der niederrheinischen Stadt Rees während des Hochwassers von 1677 das Weiterbestehen. Rheinhochwasser haben ganze Dörfer und Anwesen, welche noch auf den Karten unserer Altvorderen zu finden sind, restlos in den unberechenbaren Fluten versinken lassen. Die tosenden Wasser ließen linksrheinische Orte zu rechtsrheinischen werden. Inseln verschwanden auf Nimmerwiedersehen – neuentstandene ließen die Schiffer zur Verzweiflung kommen. Einstmals spülten die Wellen des Rheines an den Mauern der Städte Neuß, Orsoy, Rheinberg, Xanten, Kalkar und Kleve. Die alten Kirchenbücher und Chroniken der Dörfer und Städte am Rhein zeugen von den verheerenden Folgen, wenn der Strom seine Kräfte entfaltete.

Von Rees bis Emmerich bestand seit 1470 eine durchlaufende Deichlinie. Zahlreiche Durchbrüche an den Niederrhein-Schleifen setzten im 17. Jh. weite Teile des Landes unter Wasser. Nach dem 7jährigen Kriege begann Friedrich der Große (1712-1786) mit einer systematischen Niederrhein-Regulierung. Durch Kribben (Krippen, Buhnen) und Uferbauwerke sollte der Strom gezwungen werden sein Bett so zu vertiefen, daß bei Hochwasser ein Ausbrechen unmöglich sei. Nachdem, beginnend bei Köln bis zur niederländischen Grenze, die Uferzonen eingedeicht wurden, konnten die Überschwemmungsflächen auf die Hälfte reduziert werden.

Bei Verhandlungen der 1815 gebildeten Rheinkommission am Wieder Kongreß verlangte Wilhelm von Humboldt (1767-1835) ein einheitliches Systgem für den Rheinausbau. Die für die Schiffahrt wünschenswerten Fahrwasserregulierungen und die Hochwasser-Schutzbauten, meinte der Gelehrte und Staatsmann, müßten so angelegt werden, daß die Belange der Interessierten einander nicht beinträchtigen können. Seine Vorschläge schmetterten die in der Kommission sitzenden deutschen Kleinstaaten rigoros ab. Die etwas weiter in die Zukunft denkenden Landesfürsten, wie der Großherzog von Baden und der König von Preußen, begannen mit nicht aufeinanderabgestimmten Einzelaktionen. Erst die Einrichtung einer zentralsteuernden Wasserbaubehörde zu Ende des 19. Jh. ermöglichte einen erfolgreichen Ausbau der Schifffahrtswege und die Schaffung eines positiven Hochwasserschutzes.

Die Unbilden, welche jahrhundertelang die Bevölkerung am Rhein in Angst und Schrecken versetzten, sind auf ein Minimum zurückgegangen. Die Schiffahrt hat abgesehen von gelegentlichem Eisgang und diversen Hochwassern ab Basel bis Rotterdam freie Fahrt. Das Fahrwasser liegt fest und ist bis zum „geht-nicht-mehr“ ausgetonnt. Trotzdem spielt der alte Vater Rhein sein eigenes Spielchen. Flußerosionen, das heißt, ein ständiges tieferes Eingraben ist die Folge der

Ruhrort: Räderboot und Schleppzug mit Kohlenaaken – Zeitgenössische Darstellung um 1840.

Arnhem: Personenraddampfer „Rotterdam“ – Zeitgenössische Darstellung um 1845.

Einengung durch Kribben, Leitwerke und Uferbefestigungen. Der Strom verlegt sein Tun in die Tiefe, produziert massenweise Geschiebe, lagert dies an für ihn bequeme Stellen ab. Verschiebt Kiesbänke und betreibt zum Entsetzen der Schiffahrt mit eigenwilligen, teilweise nichtvorhersehbaren Veränderungen seine Späße. Die Meldungen an die Schiffahrt über Fehltiefen und Fehlbreiten in der Fahrrinne nehmen ständig zu. Die Wasserbaubehörden stehen eigentlich vor einem Desaster. Es gibt fast keinen Hafen mehr, dessen Sohle mit der Stromsohle auf gleicher Ebene liegt. Einige Rheinhäfen weisen schon Fehltiefen bis zu 0,80 m Niveauunterschied zur Stromsohle auf. Vorläufige, aber ohnmächtige Abhilfe der Wasserbauer: Baggern und das Geschiebe oberhalb der Baggerstelle wieder in den Fluß versenken. Der Grundwasserspiegel sackt immer tiefer ab. Die Trinkwasserversorgung für die Menschen im Rheineinzugsgebiet wird alsbald ein Problem werden.

Unbemerkt von der Öffentlichkeit und nicht in der Boulevardpresse aufgezeichnet, wagten die Hafenbehörden von Duisburg in den Jahren 1956 bis 1968 ein Unternehmen, das wohl einmalig sein dürfte und auch nie mehr wiederholt werden kann. Grund: Die Schleuse Duisburg-Meiderich, das rheinseitige Einfahrstor zum Rhein-Herne-Kanal zeigte Ambitionen des Austrocknens.

Einerseits war die Rheinsohle des Niederrheins zwischen 1900 und 1950 jährlich um 0,05 m = gesamt 2,50 m tiefer gespült worden. Wasserbauwerke und die Motorschiffahrt trugen die Hauptschuld an dieser wassertechnischen Veränderung. Andererseits sank der Rhein-Herne-Kanal auf Grund des unter ihm stattfindenden Kohleabbaus auch langsam in die Tiefe. Im unmittelbaren Bereich der Schleuse und des angrenzenden Hafengeländes fanden aus gebäudeschützenden

Gründen keine bergwerklichen Unternehmungen statt, obwohl in diesem Gebiet Unmengen an guter Ruhrkohle festgestellt wurden.

Hierzu nun einige bergbautechnische Aufklärungen. Ist ein Flöz ausgeschürft, wird dieses durch Abraum aufgefüllt, um Einstürze und Absenkungen zu vermeiden. Aus der jahrzehntealten Bergbaugeschichte ist bekannt, daß der Untertagekohleabbau eine tägliche Absenkung des über ihm liegenden Bereiches bis zu 5 mm erreichen kann. Die Idee der Duisburger Hafenbehörde ging dahin, den Kohleabbau unter einem 600 Hektar großen Hafengebiet durchzuführen, die Flöze aber nicht aufzufüllen, sondern mit der naturgemäßen Senkung ein Absinken der Schleusenanlage und der umliegenden Hafeneinrichtungen herbeizuführen. An 4000 Vermessungspunkten kontrollierten die Bergbauingenieure der Hamborner Bergbau AG, die Gesamt-Absenkung um 1,50 m. Es mußten zwar nach Abschluß der Arbeiten an Teilen der 14 Kilometer Kaianlagen, 45 Kilometer Hafenbahngeleisen, Rohrleitungen sowie Stahlträgern von Lagerhäusern einige Schäden beseitigt werden. Die Kosten hierfür lagen weitaus günstiger als der Bau einer neuen Schleuse und die Ausbaggerung des Duisburger Hafens.

Vater Rhein schmunzelt. Die Techniker waren lange Zeit der Meinung, sie hätten ihn gebändigt. Der alte Herr folgt noch lange nicht den Einfällen und Ideen der für ihn so kurzlebigen und winzigen Menschlein. Wer weiß, was er noch an Tricks in seiner jahrmillionenalten Kiste hat. Er wird sicherlich noch seinen Weg von den Alpen zur Nordsee nehmen, vielen gesunden Fischen und anderen vergnügten Wasserbewohnern eine Heimstatt sein, wenn der Mensch, mittels von ihm entwickelter Techniken und der von ihm produzierten Umweltverschmutzung, sich selbst ausgerottet hat.

Teil 2

- **Notteil**
- **Anmerkungen für die Fahrt**
- **Gesetzliche Hinweise**
- **UKW-Rheinfunkdienst und Radar**
- **Literatur**

Notsignale

Notzeichen

Ein in Not befindliches Fahrzeug, das Hilfe durch Sichtzeichen herbeirufen will, kann zeigen: Bei Tag eine rote Flagge, die im Kreis geschwenkt wird, oder einen sonstigen geeigneten Gegenstand, der im Kreis geschwenkt wird, und bei Nacht ein Licht, das im Kreis geschwenkt wird. Diese Zeichen ersetzen oder ergänzen die Schallzeichen für ein in Not befindlichess Fahrzeug (§ 3.46).

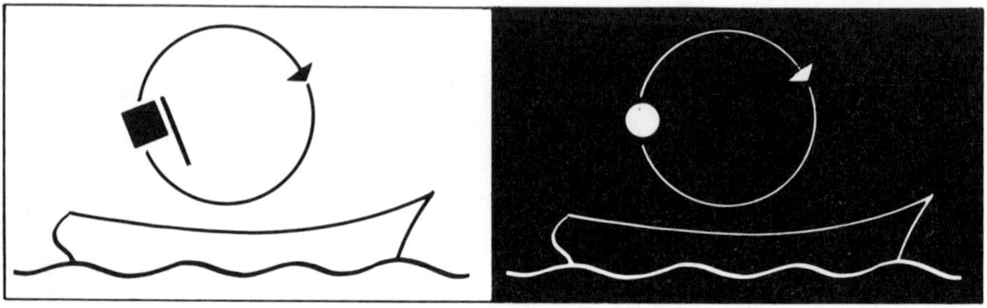

Schallzeichen für ein in Not befindliches Fahrzeug

Ein Fahrzeug, das Hilfe herbeiholen will (Fahrzeug in Not, Mann über Bord usw.) kann entweder mit der Glocke läuten oder lange Töne wiederholt abgeben. Diese Schallzeichen ersetzen oder ergänzen die vorgenannten Sichtzeichen (§ 4.04).

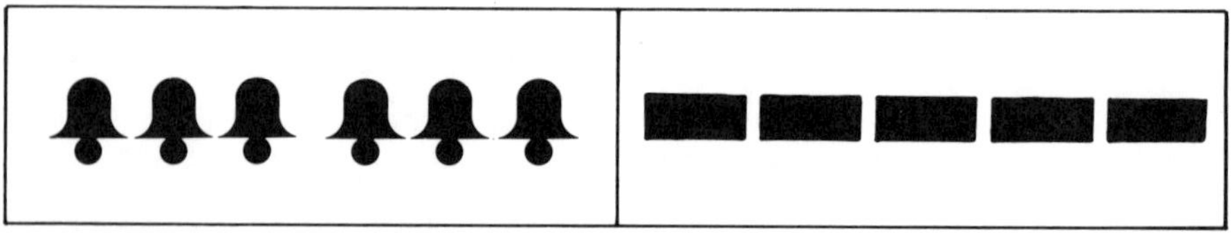

Tagbezeichnung manövrierunfähiger Fahrzeuge

Ein manövrierunfähiges Fahrzeug muß bei Tag erforderlichenfalls außer den anderen nach der Rheinschiffahrtspolizeiverordnung in der Fassung vom 1. Januar 1990 – vorgeschriebene Zeichen entweder eine rote Flagge zeigen, die geschwenkt wird, oder das vorgeschriebene Schallzeichen geben oder beides zugleich tun. Die Flagge kann durch eine Tafel gleicher Farbe ersetzt werden (§ 3.35).

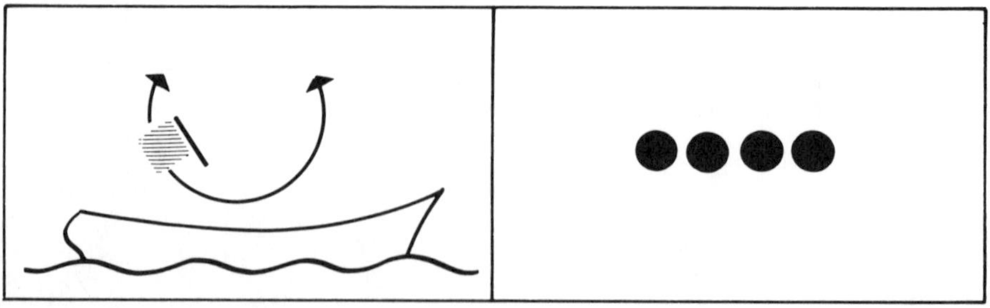

Nachtbezeichnung manövrierunfähiger Fahrzeuge

Ein manövrierunfähiges Fahrzeug muß bei Nacht erforderlichenfalls außer den anderen nach der Rheinschiffahrtspolizeiverordnung in der Fassung vom 1. Januar 1990 – vorgeschriebenen Lichtern ein rotes Licht zeigen, das geschwenkt wird, oder das vorgeschriebene Schallzeichen geben oder beides zugleich tun (§ 3.18).

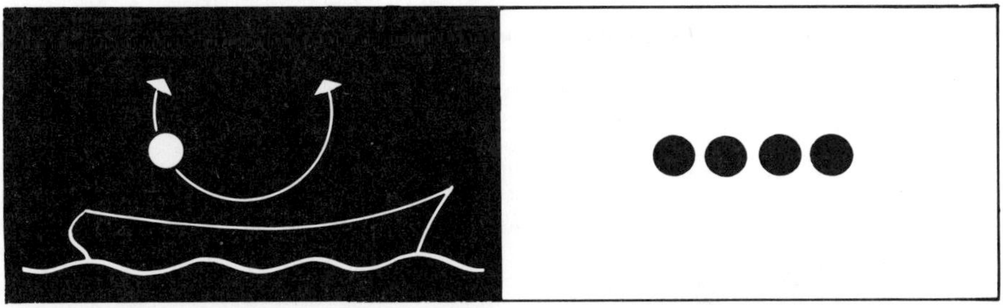

Bleib-weg-Signal

Bei Zwischenfällen oder Unfällen, die ein Freiwerden von gefährlichen Gütern verursachen, wird von Bord des betroffenen Schiffes oder vom Ufer aus, das „Bleib-Weg-Signal" ausgelöst. Dieses besteht aus einem Schall- und Lichtzeichen. Das Schallsignal gibt mindestens 15 Minuten lang eine ununterbrochene Reihe von abwechselnd einem kurzen und einem langen Ton ab. Parallel dazu wird ein Lichtzeichen gezeigt, das gelb, hell und von allen Seiten sichtbar ist.

Alle Boots- oder Schiffsführer, die das „Bleib-weg-Signal" wahrnehmen, müssen sofort alle Maßnahmen zur Abwendung der drohenden Gefahr ergreifen. Insbesondere müssen sie:

- wenn sie in Richtung der Gefahrenzone fahren, sich in möglichst weiter Entfernung von dieser halten und erforderlichenfalls wenden.
- Wenn sie an der Gefahrenzone vorbeigefahren sind, so schnell wie möglich weiterfahren.

Auf den Fahrzeugen selbst sind folgende Maßnahmen zu treffen:
alle Fenster und nach außen führende Öffnungen sind zu schließen; alle nicht geschützten Feuer und Lichter sind zu löschen; das Rauchen ist einzustellen; die für den Betrieb nicht erforderlichen Hilfsmaschinen sind abzustellen, und allgemein ist jede Funkenbildung zu vermeiden.

Dies gilt auch für Fahrzeuge, die in der Nähe der Gefahrenzone stilliegen, sobald sie das „Bleib-weg-Signal" wahrnehmen; gegebenenfalls ist das Fahrzeug zu verlassen.

Bei Ausführung der vorstehend bezeichneten Maßnahmen sind Strömungen und Windrichtung zu berücksichtigen.

Alle Boots- und Schiffsführer, die das „Bleib-weg-Signal" wahrnehmen, müssen sofort die nächste Dienststelle der Wasser- und Schiffahrtsverwaltung oder die der Wasserschutzpolizei informieren (§ 8.14).

Die Boote der WSP sind über Kanal 10 zu erreichen. Anschriften und Telefonnummern der WSA und WSP, die in Notfällen helfen oder Hilfe einleiten, sind im Teil 6, Seite 256ff. aufgeführt.

Notmeldungen im Rundfunk

Warnmeldungen im Rundfunk

In Zusammenarbeit mit den Wasser- und Schiffahrtsbehörden und der Wasserschutzpolizei senden die Rundfunkanstalten im Bereich der nord- und westdeutschen Kanäle bei Bedarf Warnmeldungen für die Schiffahrt aus. Die Warnmeldungen können folgenden Inhalt haben:

Beeinträchtigung der Schiffahrt durch Hochwasser, Niedrigwasser, Nebel oder Eisgang.

Stauungen oder Konzentrationen mehrerer Fahrzeuge, die einen zügigen Fahrtablauf für längere Zeit unmöglich machen.

Behinderungen der Schiffahrt durch Kollision oder Baustellen im Fahrwasser.

Stauungen vor Kollisions- oder Baustellen.

Sperrung des Fahrwassers – ganz oder teilweise – bei plötzlich auftretenden Gefahren.

Sperrung des Fahrwassers durch auslaufende brennbare Stoffe mit Brand- oder Explosionsgefahr.

Auf der Wasserstraße stattfindende Großveranstaltungen, durch die die Schiffahrt behindert oder gesperrt wird.

Beendigung einer gemeldeten Verkehrslage oder Umstellung auf neue Verkehrssituationen.

Diese Warnmeldungen werden von den Rundfunksendern entweder bei den Wasserstandsmeldungen, bei den allgemeinen Verkehrslagedurchsagen, den Nachrichten oder auch im laufenden Programm durchgegeben.

Allgemeines

Die Berufsschiffahrt hat auf der Strecke sowie bei der Schleusung immer ein gesetzlich verankertes Wegerecht. Die Berufsschiffer sind in den meisten Fällen der Sportschiffahrt gegenüber sehr rücksichtsvoll und beachten bei Überhol- oder Begegnungsmanövern die Labilität der Sportfahrzeuge. Im Zusammenleben mit der Berufsschiffahrt sollte es daher auch für den Sportschiffer eine Selbstverständlichkeit sein, diese nicht zu behindern oder sie durch verantwortungsloses Fahren zu Manövern zu zwingen, welche für alle Beteiligten schwerwiegende Folgen haben können. Weiterhin: Sportschiffahrt ist ein Hobby, die Berufsschiffahrt muß Geld verdienen und fährt in den meisten Fällen auf Termin.

Fahrwasser

Der Rhein zwischen Basel und Koblenz ist auf der gesamten Strecke von Basel bis Gambsheim kanalisiert bzw. teilkanalisiert. Durch die Aufstauung mittels diverser Wehranlagen kann der Wasserstand auf einer für die Schiffahrt ausreichenden Fahrwassertiefe gehalten werden. Trotz Umbau und Stauung zeigt die Strecke das Verhalten eines frei dahinfließenden Flusses. Das Fahrwasser verläuft – ausgenommen die Schleusenkanäle – im tiefsten Teil des Flußbettes. In den Kurven schwingt es von einer Uferseite zur anderen. Daraus resultiert: das Fahrwasser läuft mit erhöhtem Strömungsdruck nahe der Außenkurve, während in der Innenkurve die Fließgeschwindigkeit bis weit unterhalb der gemittelten Abflußgeschwindigkeit liegen kann. Zur Strömungsregulierung sowie zur Steuerung von Sand- und Kiesablagerungen bestehen an ausgewählten Stellen Buhnen und Leitwerke. Dem Sportschiffer wird angeraten, besonders wenn bei erhöhtem Wasserstand die Strombauwerke überspült werden, genauestens auf das Fahrwasser zu achten, da nicht alle Buhnen oder Leitwerke mit Tonnen oder Baken gekennzeichnet sind. Ebenfalls ist besondere Vorsicht beim Befahren von Altarmen geboten, da sie vielfach stark versandet sind.

An besonderen Gefahrenpunkten ist die Strecke mit Schiffahrtszeichen wie Tonnen, Baken oder Hochwasserbaken gekennzeichnet. Ihre Lage ist immer außerhalb des Fahrwassers (im Gegensatz zu denen an der Küste). Beim Anfahren der Streichlinie ist ein Sicherheitsabstand von mindestens 5,00 m einzuhalten. Bei Hochwasser werden die schwimmenden Zeichen eingezogen und nach abgelaufenem Wasser wieder ausgelegt. Wichtig: die Wasser- und Schiffahrtsbehörden übernehmen für die Lage der Fahrwasserzeichen keine Gewähr.

Überholmanöver

Überholmanöver sind nur dann durchzuführen, wenn das Fahrwasser auf eine längere Strecke einsehbar ist und die Gesamtverkehrslage dieses ohne Risiko zuläßt. Darüber hinaus ist es sinnvoll, vor dem Manöver Kontakte zu dem Schiffsführer des vorausfahrenden Berufsschiffes mittels Zeichen oder Signalen – falls vorhanden über UKW – aufzunehmen. Der Schiffsführer kann auf Grund seiner beruflich bedingten besseren Streckenpraxis und durch seinen wesentlich höheren Steuerstand die Lage besser beurteilen.

Bei dem Überholmanöver sind die rund um den Schiffskörper bestehenden, wie Magnete wirkenden Sogwirkungen zu berücksichtigen. Kurz vor dem Heck und am Bug treten Wellentäler auf, deren Tiefen bis zu ca. 80 cm unter den normalen Wasserspiegel reichen. Die Kraft der schräg ablaufenden Wellen kann ein Sportfahrzeug stark versetzen.

Bei zu dichtem Anfahren an das Berufsschiff besteht die Gefahr, durch den Sog an den Schiffskörper herangezogen zu werden. Geht der Kurs zu weit unter Ufer, drücken die ablaufenden Wellen das Sportfahrzeug auf Grund. Hier muß der Sportschiffer, je nach Bauart und Steuerfähigkeit seines Fahrzeugs, mit erhöhter Aufmerksamkeit und Fingerspitzengefühl manövrieren. Bei schnellen Booten besteht die Möglichkeit, kurzfristig die Geschwindigkeit heraufzusetzen. Der dabei vom Sportboot erzeugte Wellenschlag sollte aber nicht das Gangbord eines tiefliegenden Frachtschiffes überspülen.

Verhalten auf der Strecke

Auf Strecken mit Staustufen und Schleusen tritt die Berufsschiffahrt meist in Konvois auf. Die Konvoigröße wird einerseits durch die Kammergrößen der Schleusen, andererseits durch Länge und Breite der zu schleusenden Fahrzeuge bestimmt. Holt ein solcher Konvoi zu einem Sportfahrzeug auf, sollte dieses entweder sofort das Fahrwasser freimachen oder, wenn das aus Gründen des Tiefgangs nicht möglich ist, bis zu einer Stelle fahren, an der die Berufsfahrzeuge überholen können, um dann die Fahrt hinter diesen fortzusetzen.

Fährt ein Sportfahrzeug hinter einem Berufsfahrzeug her, ist ein genügender Abstand einzuhalten. Läuft das Sportfahrzeug im Hecksog des Großfahrzeuges, tritt ein gewisser Schleppeffekt auf, der negative Auswirkungen auf die Geschwindigkeit des Berufsschiffes haben kann. Diese Fahrweise ist übrigens unzulässig. Auch spielen Sicherheitsgründe eine Rolle. Setzt der Vorausfahrer zu einem Begegnungsmanöver an und das Sportfahrzeug steht zu dicht dahinter, kann der Entgegenkommende das Sportfahrzeug in den wenigsten Fällen ausmachen. Entweder wird es durch den Vorausfahrer verdeckt, oder es verschwindet im toten Winkel. Diese Sichtbehinderung beträgt, insbesondere bei leeren Schiffen, zwischen 200 m und 450 m.

Koblenz: Räderboot „Fritz“, erbaut 1925. Durchfahrt der alten Schiffsbrücke

Der Sportschiffer sollte bei solchen Manövern auf einen Sichtkontakt zum Entgegenkommer achten. Somit besteht für ihn die Gewißheit, gewahrschaut zu werden. Dies betrifft ebenfalls korrigierende Positionsmanöver: der Schiffsführer schließt aus der letzten für ihn sichtbaren Lage des Sportbootes auf das weitere Verhalten. Darum sollten alle Manöver vor Abbruch des Sichtkontaktes – schon zur eigenen Sicherheit – abgeschlossen sein.

Obwohl Kleinfahrzeuge – also auch Sportboote – nach den Bestimmungen eine gewisse Narrenfreiheit besitzen, führt der Sportschiffer sein Fahrzeug am besten und wie ein Berufsfahrzeug zwar am Rande der Fahrrinne. Gibt zum Beispiel ein in der Bergfahrt liegender Entgegenkommer durch die steuerbords gesetzte blaue Flagge die Anweisung, ihn auf seiner Steuerbordseite zu passieren, sollte der Sportschiffer diesem gewünschten Manöver ebenfalls Folge leisten und die Steuerbord/Steuerbord-Begegnung durchführen.

Großschiffahrtsschleusen

Sportschiffer mit kleineren Booten, die mit einem Berufsschiff zu Tal schleusen und hinter diesem in die Kammer einfahren wollen, sollten – wegen erhöhter Unfallgefahr bei der Schließung der Tore – vor der Schleusung die Aufsicht informieren. Von der Steuerkanzel sind kleinere, hinter der Berufsschiffahrt einlaufende Sportfahrzeuge nicht immer auszumachen.

Die Sportschiffahrt wird nur in Ausnahmefällen allein und direkt geschleust. Also ist sie gezwungen, vor der Schleuse zu warten. Selten sind in den Schleusenvorhäfen günstige Festmachemöglichkeiten zu finden. Hier muß der Sportschiffer nicht nur genügend Tampen, sondern auch eine nötige Portion Phantasie mitbringen, um das für sein Fahrzeug entstehende Festmacheproblem zu lösen.

Wie und in welcher Form er sein Fahrzeug gut und sicher durch den Schleusungsvorgang bringt, hängt von der Anzahl der Besatzungsmitglieder, von der Art des Fahrzeugs usw. ab. Schleusenunerfahrene sollten vor Törnantritt bei kundigen Sportschifferfreunden Informationen und Tips einholen. Die verbreitetste Methode, ein Kleinfahrzeug durch die Großschiffahrtsschleusen zu bringen, ist, das Sportfahrzeug über die in den Kammerwänden eingelassenen Leitern und die meist kurz davor oder dahinter angebrachten Poller zu fieren. Gegenüber anderen Möglichkeiten – z. B. das Boot mittels langer Tampen vom Kammerrand zu halten – hat die Leitermethode den Vorteil, daß der Bootsführer direkt an der Schleusung beteiligt ist und nicht von der Gnade und den Ungeschicklichkeiten der Fierenden abhängt. Es gibt weitere Schleusentechniken, die aber speziell für jedes Sportfahrzeug gesondert ausgelotet werden müssen.

Immer wieder ist festzustellen, daß viele Sportschiffer bei ihren Schleusenmanövern den „Oma-kriegt-die-Bahn-nicht-Komplex" bekommen. Sie brausen hinter der Großschiffahrt in die Schleusen, als sei der leibhaftige Teufel auf ihren Fersen. So schnell machen die Schleusenanwärter die Tore auch nicht zu! Oder – gegeben durch das Auftreten des vorgenannten Komplexes – muß mitschleusenden Eignern von langsameren Sportfahrzeugen mittels rasanter Überholmanöver im Schleusenvorhafen gezeigt werden, wie der beste Schleusenplatz besetzt wird. Das vielfach zu beobachtende rücksichtslose Einfahren in den Schleusenbereich, das rüpelhafte Vordrängeln gegenüber denen, die unter Umständen schon einige Zeit warten mußten, zeugt von unsportlichem Verhalten und beweist die Hohlköpfigkeit dieser Flegel.

Anmerkungen für die Fahrt

Für bundesrepublikanische Schleusen gibt es drei typische Schleusungsmerkmale: Großfahrzeuge liegen, Ausnahmen bestätigen die Regel, schräg in der Kammer, Sportfahrzeuge müssen hinter der Großschiffahrt in die Kammer einfahren, und sie dürfen nicht mit Fahrzeugen zusammengeschleust werden, die blaue Kegel führen. Setzt das letzte Großfahrzeug zur Fahrt in die Schleusenkammer an, hat das Sportfahrzeug langsam dahinter einzulaufen und möglichst weit aus dem Schraubenwasser zu bleiben. Erst wenn das Großfahrzeug auf seiner Position liegt und mit dem Heck an der Kammerwand fest ist, kann die Einfahrt bzw. Weiterfahrt leicht beschleunigt werden, um die in der Zwischenzeit schon ausgemachte freie Leiter anzusteuern. Bei direkter Einfahrt hinter dem Berufsfahrzeug gerät man zweifelsohne in den starken Schraubenschwall. Beispiel: legt das Berufsfahrzeug mit dem Heck an der Backbordseite an, steht das Ruder hart Steuerbord – der Schraubenschwall schlägt gegen die Stb.-Schleusenwand und kreiselt durch den hinteren Teil der Schleusenkammer. Dieser Effekt ist für ein dahinterliegendes Sportboot meist sehr unvorteilhaft. Entweder es wird gegen die Wand geschlagen, von dieser abgedrückt oder wirbelt durch die Kammer. Mit der langsamen Einfahrt und dem Abwarten, bis das Berufsfahrzeug festliegt, ist nicht nur dem Sportfahrzeug und der Besatzung gedient, sondern auch dem Schiffsführer des vorausliegenden Frachtschiffes. Dieser braucht nicht die Sorge zu haben, falls sein Fahrzeug ausbricht, daß er ein direkt hinter ihm liegendes

Köln: Hochwasser '88

Sportfahrzeug einquetscht. Auch bei der Ausfahrt aus der Schleuse ist jedwede Hektik unangebracht. Nach dem Schleusenvorgang wird das Sportfahrzeug fest belegt, um für den Schraubenwasserschwall der mit voller Maschinenkraft auslaufenden Berufsfahrzeuge gewappnet zu sein. Hat das direkt vorausfahrende Berufsfahrzeug die Schleuse fast verlassen, kann abgelegt und mit leicht erhöhter Geschwindigkeit aus der Kammer ausgelaufen werden. Das Schraubenwasser der Großfahrzeuge hat sich bis zu diesem Zeitpunkt etwas verlaufen, durch die leicht schnellere Fahrt ist das Sportfahrzeug in dem unruhigen und aufgewühlten Wasser besser auf Kurs zu halten, und man wird von den vor der Schleuse liegenden Großfahrzeugen besser gewahrschaut. Auch ist die Situation im Schleusenvorhafen sofort bei der Ausfahrt zu analysieren, damit der Kurs des Sportfahrzeugs entsprechend der Verkehrslage, ohne die Berufsschiffahrt zu belästigen, eingerichtet werden kann.

Befahren der Wehranlagen

Die Wehr- und Kraftwerksanlagen werden im Schleusen-Oberwasser durch eine Kette von gelben Tonnen mit rot-weiß-roten Zylindern abgesperrt. Bei Nacht ist die Sperrung durch zwei rote Lichter übereinander gekennzeichnet.

Gesetzliche Hinweise

Die Schiffahrt auf dem französischen, schweizerischen und deutschen Rhein, gesamt von Konstanz bis Koblenz, wird durch die aktuelle Rheinschiffahrtspolizeiverordnung owie die dazu erlassenen Bekanntmachungen und Einzelanordnungen geregelt. Die nachstehend aufgeführten Bestimmungen sind nur Bearbeitungen für die Sportschiffahrt aus den vorgenannten Verordnungen. Sie ersetzen in keiner Weise die Original-Texte und dienen lediglich als Hinweise und zum allgemeinen Überblick.

Kleinfahrzeuge, die auf dem Rhein fahren, sind nicht verpflichtet, die entsprechenden Verordnungen an Bord mitzuführen. Um aber das Verhalten und die Manöver der Berufsschiffahrt auf der Strecke und in den Schleusenbereichen besser verstehen zu können, sollten die Verordnungen auch an Bord von Kleinfahrzeugen als Nachschlagewerk ständig griffbereit sein. Verfügt ein Sportboot über eine für den Binnenbereich zugelassene UKW-Funkanlage, zählt das „Merkblatt für den Sprechfunk in der Rheinschiffahrt“ zum gesetzlich vorgeschriebenen Inventar. Trotz des revierbezogenen Namens bestimmt dieses Merkblatt die gesamte UKW-Funkabwicklung auf den Binnenwasserstraßen der Bundesrepublik.

Befähigungsnachweise zum Führen von Sportfahrzeugen

Im Geltungsbereich der Rheinschiffahrtspolizeiverordnung und der Binnenschiffahrtsstraßenordnung ist zur Führung eines Sportfahrzeugs unter 15 Tonnen Wasserverdrängung ohne eigene Triebkraft oder mit Maschinenantrieb von weniger als 3,68 kW (5 PS) an der Schraube kein amtlich vorgeschriebener Befähigungsnachweis erforderlich. Der Besitz eines Befähigungsnachweises nach der Sportbootführerscheinverordnung-Binnen vom 22. März 1989 ist jedoch zu empfehlen.

Zur Führung von Sportfahrzeugen mit weniger als 15 Tonnen Wasserverdrängung und eigener Triebkraft, deren Nutzlast an der Schraube 3,68 kW (5 PS) überschreitet, wird eines von den in der Sportbootführerscheinverordnung-Binnen vom 22. März 1989 genannten, amtlich vorgeschriebenen Befähigungszeugnissen verlangt.

Gesetzliche Hinweise

Rheinsportschifferpatent

Sportboote ab 15 bis 60 Tonnen Wasserverdrängung mit eigener Triebkraft dürfen auf dem Rhein nur mit einem Rheinsportschifferpatent, einem Rheinpatent, einem Binnensportschifferzeugnis oder einem anderen in den speziellen Verordnungen genannten Zeugnis gefahren werden. Die „A"-Scheine der Verbände, alle hauseigenen DSV-Segelscheine, Sportseeschiffer- und Sporthochseeschifferzeugnisse bis hin zu den Berufspatenten der Seeschiffahrt berechtigen nicht zum Führen der obengenannten Fahrzeuggruppe auf dem Rhein.

Kennzeichnung der Sportfahrzeuge

Rhein-Sportfahrzeuge (bis 20 m Länge ohne Bugspriet und Ruder) müssen mit einem amtlichen Kennzeichen versehen sein, das von einer deutschen Schiffahrtsverwaltung nach revierspeziellen Verordnungen erteilt wurde. Dieses amtliche Kennzeichen kann entfallen, wenn das Sportfahrzeug einem Wassersportverein angehört, der wiederum einem anerkannten Wassersportverband angeschlossen ist. An Stelle des amtlichen Kennzeichens tritt entweder ein Name, eine Nummer oder eine Devise. Zusätzlich ist einerseits der Name des Wassersportvereins und der Heimathafen achterlich zu führen und andererseits die Verbandsflagge mit einer Mindestgröße von 20 x 30 cm zu setzen.

Internationaler Bootsschein für Wassersportfahrzeuge

Der Deutsche Segler-Verband, der Deutsche Motoryachtverband sowie der ADAC stellen auf Antrag einen „Internationalen Bootsschein für Wassersportfahrzeuge" aus, der national und international (ausgenommen Frankreich) von den Überwachungsbehörden als Eigentumsnachweis anerkannt wird. Auskünfte darüber sowie Anträge auf diesen Bootsschein sind bei den genannten Verbänden erhältlich.

Schiffsbriefe oder Schiffsatteste

Sportfahrzeuge über 10 Tonnen Wasserverdrängung sind in einem amtlichen Register einzutragen. Sportfahrzeuge von 5 bis 10 Tonnen Wasserverdrängung können auf freiwilliger Basis in das Binnenschiffsregister aufgenommen werden.

Rechtslagebescheinigung (Flaggenzertifikat)

Die französischen Behörden erkennen den »Internationalen Bootsschein für Wassersportfahrzeuge« nur für Wassersportfahrzeuge bis 15 m Länge an, wenn diese gewöhnlich nicht schneller als 20 km/h fahren können. Für längere oder schnellere Boote verlangen sie zur Fahrt in französischen Binnen- und Butengewässern als Bootspapier eine Rechtslagebescheinigung (Flaggenzertifikat). Das Bundesamt für Seeschiffahrt und Hydrographie in Hamburg stellt diese »Flaggenzertifikate« auf Antrag aus. Die alten »Flaggenausweise« behalten bis zu ihrem Ablauftermin Gültigkeit.

Sportschiffahrt auf dem Rhein und seinen Nebenflüssen

Zur sicheren Führung muß das Boot unter der Leitung eines dazu befähigten Skippers stehen. Sämtliche an Bord befindlichen Personen haben die Anordnungen zu befolgen, die dieser ihnen im Interesse der Schiffssicherheit und der Ordnung an Bord erteilt.

Sportboote müssen so gebaut, ausgerüstet und mit Hilfskräften besetzt sein, daß die Sicherheit der an Bord befindlichen Personen und der Schiffahrt gewährleistet ist. Jeder Skipper hat die Anweisungen zu befolgen, welche ihm von den Bediensteten der zuständigen Behörden für die Sicherheit und Leichtigkeit der Schiffahrt erteilt werden.

Der Skipper hat alle Maßnahmen zu treffen, um Beschädigungen anderer Fahrzeuge, von Schwimmkörpern, Ufern, Strombauwerken, Anlagen jeder Art in der Wasserstraße oder an ihren Ufern, Behinderungen der Schiffahrt sowie die Gefährdung von Menschenleben zu vermeiden.

Jedes Sportfahrzeug sollte so ausgerüstet sein, daß bei Gefahr für Menschenleben alle verfügbaren technischen Hilfsmittel zur Verfügung stehen und darüber hinaus eine Erste Hilfe gewährleistet ist – siehe Merkblätter der Kreuzer-Abteilung des Deutschen Segler-Verbandes „Sicherheitsausrüstung auf Sportfahrzeugen“ und „Erste Hilfe an Bord“.

Kommen bei einem Unfall eines Schiffes Menschen in Gefahr, oder droht durch den Unfall eine Sperrung des Fahrwassers, sind die mit ihren Booten in der Nähe befindlichen Skipper verpflichtet, unverzüglich Hilfe zu leisten, insoweit dies mit der Sicherheit ihrer eigenen Boote vereinbar ist.

Sportfahrzeuge müssen allen übrigen Großfahrzeugen den für deren Kurs und zum Manövrieren notwendigen Raum lassen und können nicht verlangen, daß diese ihnen Platz machen. Maschinenbetriebene Sportfahrzeuge haben allen anderen Sportfahrzeugen auszuweichen und bei diesem Manöver ihren Kurs frühzeitig nach Steuerbord zu richten. Falls diese Regel aus nautischen Gründen nicht einzuhalten ist, besteht die Verpflichtung, unmißverständlich durch geeignete Manöver anzuzeigen, welcher Kurs eingeschlagen wird. Dieses Manöver kann durch entsprechende Schallzeichen oder durch Kontaktaufnahme über Schiffsfunkstellen unterstützt werden.

Begegnen und Überholen

Das Begegnen und Überholen ist nur gestattet, wenn das Fahrwasser unter Berücksichtigung aller örtlichen Umstände und des übrigen Verkehrs hinreichenden Raum für die Vorbeifahrt gewährt. Beim Begegnen oder Überholen dürfen Fahrzeuge, deren Kurse jede Gefahr eines Zusammenstoßes ausschließen, ihren Kurs oder ihre Geschwindigkeit nicht in einer Weise ändern, welche die Gefahr eines Zusammenstoßes herbeiführen kann. Beim Begegnen müssen die Bergfahrer unter Berücksichtigung der örtlichen Umstände und des übrigen Verkehrs den Talfahren einen geeigneten Weg freilassen.

Steuerbord/Steuerbord-Begegnung

Fahrzeuge über 20,00 Meter Länge (ohne Ruder und Bugspriet), die zu Berg fahren und den Talfahrer entgegen der üblichen Backbord/Backbord-Begegnung an Steuerbord passieren wollen, führen an ihrer Steuerbordseite bei Tag eine hellblaue Flagge oder Tafel, bei Nacht ein weißes helles Funkellicht oder bei Tag und Nacht eine hellblaue Tafel, gekoppelt mit einem weißen hellen Funkellicht. Kleinfahrzeuge müssen, falls das Fahrwasser es zuläßt, die Anweisung des Bergfahrers nicht befolgen. Aus Sicherheitsgründen und um einen reibungslosen Ablauf des Schiffsverkehrs zu garantieren, sollte jedoch jeder Skipper eines talfahrenden Sportbootes ebenfalls der Weisung des Bergfahrers zur Steuerbord/Steuerbord-Begegnung folgen.

Fahrt durch Fahrwasserengen

Um nach Möglichkeit ein Begegnen auf Strecken oder an Stellen zu vermeiden, wo das Fahrwasser keinen hinreichenden Raum für die Vorbeifahrt gewährt – sogenannte Fahrwasserengen – gilt: alle Fahrzeuge haben die Fahrwasserenge in möglichst kurzer Zeit zu durchfahren. Überholmanöver sind verboten. Bei beschränkter Sicht müssen alle Fahrzeuge, bevor sie in den Abschnitt einlaufen, „einen langen Ton" abgeben. Bei längeren Strecken ist die Wiederholung des Schallzeichens empfehlenswert.

Fahrt bei unsichtigem Wetter

Bei unsichtigem Wetter müssen alle Fahrzeuge ihre Geschwindigkeit der verminderten Sicht, dem übrigen Verkehr und den örtlichen Gegebenheiten entsprechend herabsetzen. Bei größeren Sportfahrzeugen ist ein Ausguck auf dem Vorschiff aufzustellen. Dieser muß sich in Sicht- oder in Hörweite zum Schiffsführer befinden. Tragbare UKW-Funk-Geräte für den Verkehrskreis „Funkverkehr an Bord" sind auf Sportbooten seit dem 1. Januar 1988 verboten. Vor diesem Zeitpunkt zugelassene Geräte dürfen noch eingesetzt werden. Skipper müssen anhalten, sobald die Weiterfahrt nicht nur für das eigene Boot, sondern auch für andere Verkehrsteilnehmer zur Gefahr wird. Stellt der Skipper die Fahrt ein, hat er das Fahrwasser soweit wie möglich frei zu machen. Bei unsichtigem Wetter müssen fahrende Fahrzeuge, die mit einer Sprechfunkanlage für den Verkehrkreis Schiff/Schiff ausgerüstet sind, den UKW-Kanal 10 auf Empfang geschaltet haben und unter Umständen anderen Fahrzeugen die für die Sicherheit der Schiffahrt notwendigen Meldungen übermitteln.

Ehrenbreitstein

Schleusen und Schleusung

Unbeschadet anderer Bestimmungen der Verordnungen haben die Skipper in den Schleusen und deren Vorhäfen die Anordnungen zu befolgen, die ihnen von der Schleusenaufsicht für die Sicherheit und Leichtigkeit des Verkehrs oder zur Beschleunigung der Durchfahrt durch die Schleusen und zu deren voller Ausnutzung erteilt werden. Zum Schleusenbereich gehören außer der Schleusenanlage die Wasserflächen oberhalb und unterhalb der Schleuse bis zum Ende der Anlagen, die zum Festmachen von Fahrzeugen dienen. Im Schleusenbereich ist die Fahrgeschwindigkeit auf ein Minimum herabzusetzen. Vor der Schleusung können Fahrzeuge an anderen auf Schleusung wartenden Fahrzeugen nur dann vorbeifahren, wenn sie ein Vorschleusungsrecht besitzen. Haltende Fahrzeuge dürfen die Einfahrt bzw. die Ausfahrt in oder aus den Schleusenkammern nicht behindern. Die Anlegestellen von Fähren oder Fahrgastschiffen sind freizuhalten. Bei Annäherung an die Schleusen, insbesondere in den Schleusenvorhäfen, ist das Überholen ohne besondere Anordnung der Schleusenaufsicht verboten.

In den Schleusenkammern haben sich die Fahrzeuge, sofern an den Schleusenwänden Grenzen markiert sind, zwischen diesen zu halten. Die Fahrzeuge müssen während der Füllung und der Entleerung der Kammer befestigt sein, und die Befestigungsmittel sind derart zu bedienen, daß Stöße gegen die Schleusenwände und Schleusentore, Schutzvorrichtungen oder andere Fahrzeuge vermieden werden. Es sind nur schwimmfähige Fender erlaubt, insofern diese nicht fest mit dem Boot verbunden sind. Sportboote haben zu allen anderen Fahrzeugen einen größtmöglichen Abstand zu halten.

Die Einfahrt in die Schleuse wird bei Tag und Nacht durch Sichtzeichen geregelt, die auf einer Seite oder auf beiden Seiten der Schleuse angebracht sind. Diese Zeichen haben folgende Bedeutung: zwei rote Lichter übereinander = keine Einfahrt, die Schiffahrt ist gesperrt (Schleuse außer Betrieb); zwei rote Lichter nebeneinander = keine Einfahrt (Schleuse geschlossen); das Erlöschen eines der beiden nebeneinander gezeigten Lichter = keine Einfahrt (Öffnung der Schleuse wird vorbereitet); zwei grüne Lichter nebeneinander = Einfahrt frei. Die Ausfahrt aus der Schleuse wird bei Tag und Nacht durch folgende Sichtzeichen geregelt: ein rotes Licht = keine Ausfahrt; ein grünes Licht = Ausfahrt frei. An Stelle des roten Lichtes oder der roten Lichter kann eine rote Tafel mit einem waagerechten weißen Streifen, an Stelle des grünen Lichtes oder der grünen Lichter kann eine grüne Tafel mit einem weißen senkrechten Streifen gesetzt werden.

Geschleust wird in der Reihenfolge des Eintreffens. Von dieser Regelung sind Sportboote ausgeschlossen. Diese dürfen nur hinter den Berufsfahrzeugen in die Schleusenkammer einfahren. Die Schleusenaufsicht kann abweichende Anordnungen erteilen, um die Schleuse bestmöglich auszunutzen oder um aus Sicherheitsgründen Fahrzeuge mit gefährlichen Gütern einzeln zu schleusen. Fahrgastschiffe, die nach einem festen Fahrplan fahren, und Schiffe, die einen roten Wimpel führen, haben das Recht auf Vorschleusung.

Im Schleusenbereich müssen Boote, welche über eine UKW-Anlage verfügen, den UKW-Kanal geschaltet haben, auf dem die Schleusenaufsicht arbeitet.

Beschränkung der Rheinschiffahrt bei Hochwasser (Marke I + II)

Zwischen der Mittleren Brücke bei Basel (Rhein-km 166,64) und der Schleuse Kembs (Rhein-km 179,10) sowie zwischen der untersten Schleuse des kanalisierten Rheins (Schleuse Iffezheim – Rhein-km 334,00) und der Spyckschen Fähre (Rhein-km 857,40) ist die Schiffahrt bei Hochwasser zwischen den Marken I und II nachstehenden Beschränkungen unterworfen:

Alle Fahrzeuge – mit Ausnahme der Kleinfahrzeuge ohne Maschine – müssen sich in der Talfahrt in der Mitte, in der Bergfahrt im mittleren Drittel des Stromes halten. Als Breite des Stromes gilt der Abstand zwischen den Uferlinien. Beim Fahren einschließlich des Überholens sind höchstens bis zu zwei Schiffs- oder Verbandsbreiten zulässig.

Erfordern es die örtlichen Verhältnisse, müssen alle Fahrzeuge dennoch möglichst weit vom Ufer entfernt bleiben und ihre Geschwindigkeit entsprechend vermindern.

Zwischen Lorch (Rhein-km 540,20) und St. Goar (Rhein-km 556,00) hat die Bergfahrt das mittlere Drittel des Stromes aber soweit zum linken Ufer einzuhalten, daß die Begegnung mit der Talfahrt ohne Gefahr Backbord an Backbord stattfinden kann.

Unbeschadet des § 6.20 darf die Höchstgeschwindigkeit der Talfahrer gegenüber dem Ufer 20 km/h nicht überschreiten.

Nach Überschreiten der Hochwassermarke I dürfen innerhalb des entsprechenden Streckenabschnittes nur solche Fahrzeuge ihre Fahrt fortsetzen, die mit einem Rundfunkgerät oder Sprechfunkgerät ausgerüstet sind. Das Rundfunkgerät und, soweit vorhanden, das Sprechfunkgerät muß auf Empfang geschaltet sein.

Remagen

Erreicht oder überschreitet der Wasserstand die Hochwassermarke II an dem Richtpegel für den aufgeführten Streckenabschnitt, ist die Schiffahrt mit Ausnahme des Übersetzverkehrs innerhalb des Streckenabschnitts verboten.

Richtpegel Rheinfelden
Strecke Basel – Iffezheim
Marke I = 350 cm
Marke II = 450 cm

Richtpegel Maxau
Strecke Iffezheim – Germersheim
Marke I = 670 cm
Marke II = 720 cm

Richtpegel Speyer
Strecke Germersheim – Mannheim-Rheinau
Marke I = 350 cm
Marke II = 450 cm

Richtpegel
Mannheim-Rheinau – Mannheim-Sandhofen
Marke I =719 cm
Marke II = 760 cm

Richtpegel Worms
Strecke Mannheim – Mannheim-Sandhofen
Marke I = 490 cm
Marke II = 650 cm

Richtpegel Mainz
Strecke Gernsheim – Eltville
Marke I = 475 cm
Marke II = 630 cm

Richtpegel Bingen
Strecke Eltville – Lorch
Marke I = 350 cm
Marke II = 500 cm

Richtpegel Kaub
Strecke Lorch – St. Goar
Marke I = 460 cm
Marke II = 640 cm

Richtpegel Salzig
Strecke St. Goar – Oberspay
Marke I = 460 cm
Marke II = 650 cm

Richtpegel Koblenz
Strecke Oberspay – Engers
Marke I = 470 cm
Marke II = 650 cm

UKW-Rheinfunkdienst und Radar

Allgemeines

Der gesamte UKW-Funkbetrieb im Binnenbereich wird nach den Regeln des Sprechfunkes in der Rheinschiffahrt abgewickelt. Die Sende- und Empfangsanlagen der Schiffsfunkstellen im Binnenbereich, einschließlich der Selektivrufeinrichtungen, müssen einem von den zuständigen Behörden zugelassenen Baumuster entsprechen. Seefunkstellen dürfen am Rheinfunkdienst teilnehmen, wenn sie für diesen Bereich eine zusätzliche Genehmigung besitzen. Die im Rheinfunkdienst betriebenen Schiffsfunkstellen können einerseits aus einer Anlage für mehrere integrierte Verkehrskreise bestehen oder andererseits für die einzelnen Verkehrskreise je eine gesonderte Sende- und Empfangsanlage nutzen. Bei Sende- und Empfangsanlagen für mehrere Verkehrskreise muß – sofern eine ständige Hörbereitschaft verlangt wird – sichergestellt sein, daß Sendung und Empfang auf einem Kanal erfolgen. Das Betriebsverfahren für die zeitlich abwechselnde Hörbereitschaft auf 2 Kanälen (sogenanntes Dual-Watch-Verfahren) ist nicht anzuwenden, da der UKW-Kanal 16 dem Selektivrufbereich zugeordnet wurde. Um die Ermittlung im Zusammenhang mit u. a. Havarien zu erleichtern, sind Aufzeichnungsgeräte für die Kanäle 10 und 13 zugelassen. Anlagen mit einer Sendeleistung zwischen 6 und 25 Watt müssen mit einem Schalter ausgerüstet sein, der die Ausgangsleistung des Senders auf einen Wert zwischen 0,5 und 1 Watt reduziert. Die Ausgangsleistung des Senders muß sich automatisch auf einen Wert zwischen 0,5 und 1 Watt reduzieren, wenn einer der Kanäle auf den Verkehrskreis Schiff/Schiff geschaltet wird. Seefunkstellen dürfen, falls keine automatische Umschaltung vorhanden, den vorgenannten Verkehrskreis nicht benutzen, auch wenn das Gerät eine Handumschaltung zur Reduzierung der Sendeleistung besitzt.

Verkehrskreis Schiff/Schiff

Dieser Verkehrskreis dient der direkten Verbindung zwischen Schiffsfunkstellen. Es dürfen nur Nachrichten übermittelt werden, die sich ausschließlich auf die Fahrt oder die Sicherheit von Schiffen oder in dringenden Fällen auf den Schutz von Personen beziehen. Ausgeschlossen sind insbesondere Meldungen kommerzieller Art über den Betrieb der Schiffe, z. B. solche über die Versorgung, das Personal, die beförderten Waren, den Umlauf der Schiffe oder über Dispositionen.

Verkehrskreis Nautische Informationen

Dieser Verkehrskreis ermöglicht die Funkverbindung zwischen Schiffsfunkstellen und Funkstellen der Behörden, denen der technische Betrieb auf den Wasserstraßen und in den Häfen obliegt. Die Funkverbindung dient im Fall der nautischen Information zur Übermittlung von Nachrichten, die sich ausschließlich auf die Fahrt oder die Sicherheit von Schiffen, in dringenden Fällen auch auf den Schutz von Personen beziehen. Ausgeschlossen sind insbesondere Nachrichten kommerzieller Art über den Betrieb der Schiffe, z. B. solche über die Versorgung, das Personal, die beförderten Waren, den Umlauf der Schiffe oder über die Dispositionen.

Für einen Anruf wird der Schiffsname als Rufzeichen verwendet. Die ortsfeste Funkstelle verwendet als Rufnamen ihre geografische Bezeichnung.

Dringlichkeitsanrufe, Notgespräche

Unbeschadet der Bestimmungen der Schiffahrtspolizeiverordnungen müssen der Schiffsführer bzw. die Besatzung bei schwerer und unmittelbarer Gefahr für Leib und Leben, für das Schiff selbst, für andere Schiffe, für Ufergebiete oder für das Gewässer, sofern sofortige Maßnahmen erforderlich sind, alle zur Verfügung stehenden Nachrichtenmittel benutzen, um auf die entstandene Gefahr aufmerksam zu machen und um größeren Schaden abzuwenden. Dringlichkeitsanrufe können über alle Verkehrskreise, außer Funkverkehr an Bord, abgesetzt werden. Alle Schiffsfunkstellen, die einen Dringlichkeitsanruf (Notgespräch) empfangen, müssen unmittelbar jeden anderen störenden Funkverkehr unterbrechen, eventuell das Notgespräch bestätigen, gegebenenfalls weiterleiten und auf dem betreffenden Kanal auf Empfang bleiben.

Frequenzübersicht des Verkehrskreises Schiff/Schiff

1. Sprechweg = Kanal 10
2. Sprechweg = Kanal 11
3. Sprechweg = Kanal 12
4. Sprechweg = Kanal 13
5. Sprechweg = Kanal 14
6. Sprechweg = Kanal 73
7. Sprechweg = Kanal 77

Radar im Bereich der Rheinschiffahrtspolizeiverordnung

Fahrzeuge dürfen nur dann Radar benutzen, wenn sie mit einem für die Binnenschiffahrt geeigneten Radargerät sowie einem Gerät zur Anzeige der Wendegeschwindigkeit des Fahrzeugs ausgerüstet sind und diese einem von der zuständigen Behörde zugelassenen Baumuster entsprechen. Zusätzlich müssen die Fahrzeuge mit einer Sprechfunkanlage für den Verkehrskreis Schiff/Schiff ausgerüstet sein. Nicht zur Gruppe der Kleinfahrzeuge gehörende Fahrzeuge müssen über ein Schallgerät verfügen, das geeignet ist, dreimal hintereinander drei ohne Unterbrechung aufeinanderfolgende Töne von verschiedener Höhe mit einer Dauer von insgesamt etwa zwei Sekunden abzugeben; jede Folge der drei Töne muß mit dem tiefsten Ton beginnen und mit dem höchste Ton enden (Dreitonzeichen); die Frequenzen der Töne müssen zwischen 165 und 297 Hertz liegen; zwischen dem tiefsten und dem höchsten Ton hat ein Intervall von zwei ganzen Tönen zu bestehen.

Bei der Radarfahrt muß sich an Bord eine Person befinden, welche das Zeugnis nach der »Verordnung über die Erteilung von Radarschifferzeugnissen für den Rhein« oder ein gleichwertiges Zeugnis besitzt. Zusätzlich verlangt der Gesetzgeber während der Fahrt im Steuerstand eine zweite Person, die mit der Verwendung von Radar in der Schiffahrt hinreichend vertraut ist. Wenn im Schiffsattest oder Schiffszeugnis vermerkt ist, daß das Fahrzeug über einen Radar-Einmann-Steuerstand verfügt, braucht sich die zweite Person nicht ständig im Steuerhaus aufzuhalten (§ 6.32).

See-Radargeräte sind für den Gebrauch auf den Binnenschiffahrtsstraßen nicht zugelassen und dürfen nicht in Betrieb genommen werden.

Literatur

Gesetze, Verordnungen, Texte

Rheinschiffahrtspolizeiverordnung 1983
Binnenschiffahrts-Verlag GmbH. Duisburg-Ruhrort 1990

Kommentar zur Rheinschiffahrtspolizeiverordnung 1983
Binnenschiffahrts-Verlag GmbH. Duisburg-Ruhrort

Rheinschiffs-Untersuchungsordnung 1983
Binnenschiffahrts-Verlag GmbH. Duisburg-Ruhrort

Verordnung über das Wasserskifahren auf den Binnenwasserstraßen (Wasserskiverordnung) vom 2. September 1977
Bundesgesetzblatt I, Seite 1749, Bonn. Bundesanzeiger-Verlag GmbH, Köln

Rheinschifferpatentverordnung vom 26. März 1976 sowie die dazu erlassenen Änderungen und Sonderbestimmungen usw.
Reichsgesetzblatt 1925 II, Seite 147 f
Bundesgesetzblatt II, Seite 317
Bundesgesetzblatt I, Seite 2121
Bundesanzeiger-Verlag GmbH, Köln
Weska 1987
Binnenschiffahrts-Verlag GmbH, Duisburg-Ruhrort

Verordnung über das Führen von Sportbooten auf Binnenschiffahrtsstraßen vom 21. März 1978, Bundesgesetzblatt I, Seite 420, Bonn, Bundesanzeiger-Verlag GmbH, Köln

Verordnung zur Einführung der Verordnung über die Erteilung von Radarschifferzeugnissen – Verordnung über die Erteilung von Radarschifferzeugnissen für den Rhein – Prüfungsgegenstände für die Prüfung zur Erlangung des Radarschifferzeugnisses – vom 23. Dezember 1964, Bundesgesetzblatt II, Seite 2010, Bonn, Bundesanzeiger-Verlag GmbH, Köln

Vorschriften betreffend die Eigenschaften von Radargeräten und von Geräten zur Anzeige der Wendegeschwindigkeit für die Rheinschiffahrt. Verkehrsblatt Nr. 16 vom 30. August 1969, Seite 499 ff

Bekanntmachung der Regionalen Vereinbarung über den Rheinfunkdienst vom 1. April 1977, Bundesgesetzblatt II, Bonn, Bundesanzeiger-Verlag GmbH, Köln

Verordnung über den Betrieb von Sprechfunkanlagen auf Ultrakurzwellen in der Rheinschiffahrt (Binnenschiffahrts-Sprechfunkverordnung) vom 22. Februar 1980, Bundesgesetzblatt I, Nr. 7, Bundesanzeiger-Verlag GmbH, Köln

Merkblatt für den Sprechfunk in der Rheinschiffahrt 1989, Binnenschiffahrts-Verlag GmbH. Duisburg-Ruhrort

Karten

Mitteleuropäische Wasserstraßen, 1 : 1 000 000, Binnenschiffahrts-Verlag GmbH. Duisburg Ruhrort

Rheinatlas 1987, 1 : 10 000, Verlag Rheinschiffahrt OHG. Bad Soden

Handbücher

Weska, Westeuropäischer Schiffahrts- und Hafenkalender, Binnenschiffahrts-Verlag GmbH. Duisburg-Ruhrort

Führer für den Binnenfahrtensport des Deutschen Motoryachtverbandes e. V. Hamburg 1989

Deutsches Fluß- und Zeltwanderbuch, Deutscher Kanuverband Wirtschafts- und Verlags GmbH, Duisburg 1 1985

Teil 3

- Zeichenerklärung
- Übersichtskarte
- Karten und Streckenbeschreibungen

Zeichenerklärung

	Tonne – grün		Rampe
	Tonne – rot		Steiger
	Tonne – Fahrwasserteilung		Fähre oder Fährbetrieb
	Bake – grün		
	Bake – rot		Pegel
	Beleuchtet		Signalstation, Signalanlage, Wahrschaustation
	Im Fahrwasser – gesperrt für die gesamte Schiffahrt		Kran, Verladestelle, Umschlagplatz
	In Häfen/Hafenbecken – gesperrt für die Sportschiffahrt		Wehr
	Vorgeschriebene Brückendurchfahrt		Hochspannungsleitung
	Vorgeschriebenes Fahrwasser Bergfahrt		
	Vorgeschriebenes Fahrwasser Talfahrt		Straßenbrücke
	Stromrichtung		
	Schiffsliegeplatz		Eisenbahnbrücke
SKI	Wasserskistrecke		
	Felsen, Riff	SH	Schutzhafen
	Untief	H	Hafen
	Buhne, Kribbe	Y	Yachthafen, Sporthafen, Marina

Zeichenerklärung

	Wassersportanlage, Bootshaus		Denkmal
Hfn.M.	Hafenmeister		Burg, Schloß, Ruine
	Trinkwasser		Mühle, Windmühle
	Stromanschluß		Fabrik, Schornstein
PB	Proviantboot		Turm
PS	Proviantstation		Funk- oder Fernsehturm
D	Bunkerstation für Diesel		Campingplatz
B	Bunkerstation für Benzin		Ortschaft, Stadt
W	Werft	HSW	Höchstschiffbarer Wasserstand
	Kraftwerk, Elektrizitätswerk	NW	Normalwasserstand
	Kirche	ASH	Ansteuerungshinweis

Anmerkungen

Die Karten sind in der Streckenführung (von Kilometer zu Kilometer) im Maßstab 1:31700 angelegt. Um einen besseren Überblick über das Fahrwasser zu bekommen, ist das Strombild breiter dargestellt, d. h. die Fahrwasserbreite entspricht nicht dem vorgenannten Maßstab.
Brückendurchfahrtshöhen sind nach dem „Höchstschiffbaren Wasserstand“ (HSW) angegeben. Der HSW entspricht der Hochwassermarke II (Einstellung der Schiffahrt).

Übersichtskarte

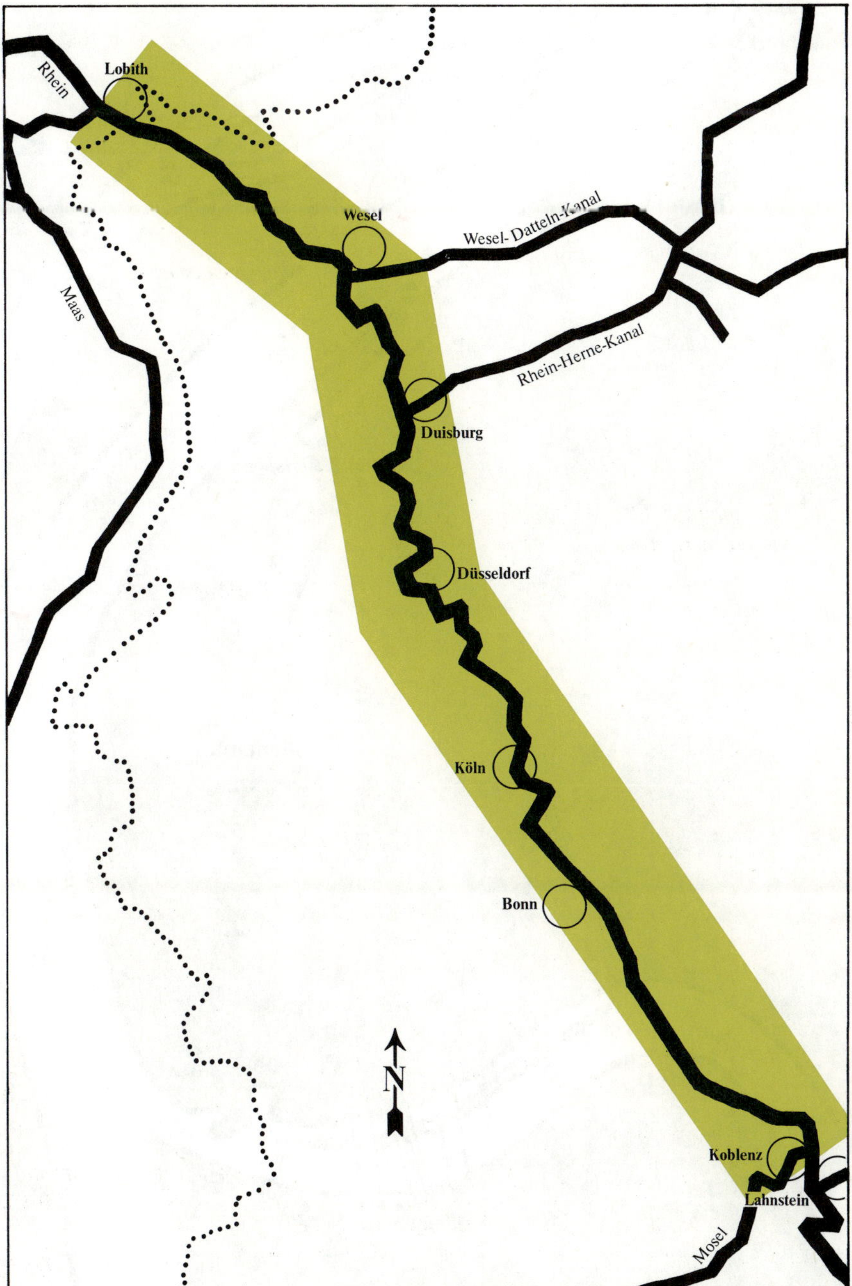

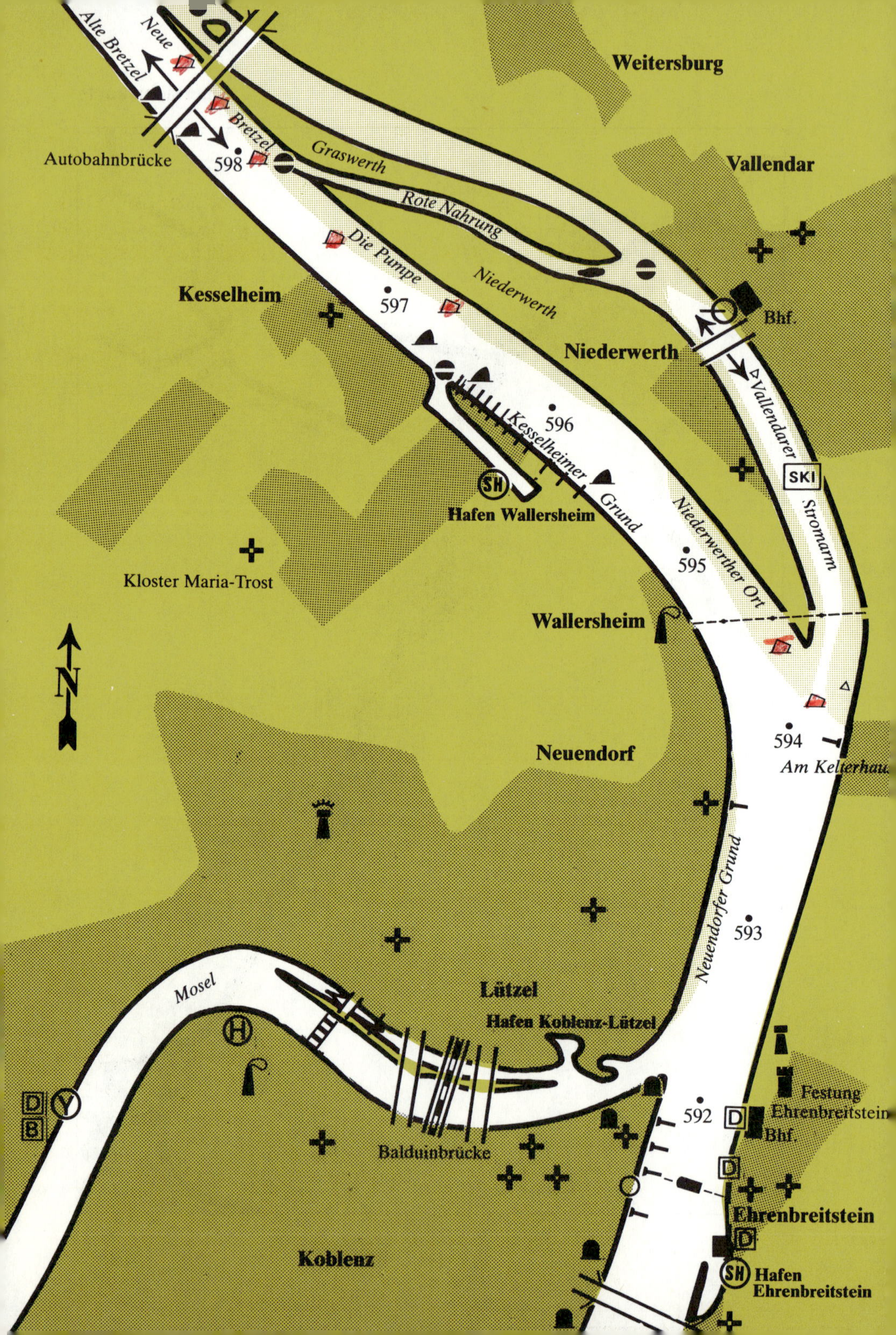

Neue
Alte Bretzel
Bretzel
Autobahnbrücke
598
Graswerth
Rote Nahrung
Weitersburg
Vallendar
Die Pumpe
Niederwerth
Kesselheim
597
Bhf.
Niederwerth
Vallendarer
SKI
Stromarm
596
Kesselheimer
Grund
Hafen Wallersheim
Niederwerther Ort
595
Kloster Maria-Trost
Wallersheim
N
594
Am Kelterhau
Neuendorf
Neuendorfer Grund
593
Mosel
Lützel
Hafen Koblenz-Lützel
Festung
Ehrenbreitstein
592
Bhf.
Balduinbrücke
Ehrenbreitstein
Hafen
Ehrenbreitstein
Koblenz

km	Ufer-Seite	Beschreibung	Hinweise	
590,87	–	Straßenbrücke Koblenz-Pfaffendorf	Durchfahrten Höhe über HSW	3 9,10 m
591,40	RU	Hafen Ehrenbreitstein		
591,50	LU	**Koblenz**		
591,50	LU	Pegel Koblenz		
591,53	–	Fähre Koblenz–Ehrenbreitstein		
591,60	RU	**Ehrenbreitstein**		
592,15–593,65	RU	Reede Koblenz		
592,15–592,80	RU	Schiffsliegeplatz		
592,30	LU	Einmündung Mosel		

Hinweis:
Siehe Moselhandbuch, DSV-Verlag, Hamburg.

Fahrhinweis:
Zwischen Kilometer 592,05 und Kilometer 593,55 hat die Bergfahrt, die nicht in die Mosel einfahren will, mindestens 80 m Abstand vom linken Ufer zu halten.

592,60	RU	Pegel		
592,80–593,40	RU	Schiffsliegeplatz	Für Schubschiffahrt	
593,40	LU	**Neuendorf**		
593,40–593,65	RU	Schiffsliegeplatz	Für Fahrzeuge mit einem blauen Kegel.	
593,65–592,15	RU	Reede Koblenz		
593,83	RU	Pegel		
593,85–598,80	RU	Niederwerth/Graswerth	Vallendarer Stromarm bis Hafen Vallendar befahrbar. Unterhalb gesperrt.	
594,30	LU	**Wallersheim**		
595,70	RU	Hafen Vallendar		
596,60	LU	Hafen Wallersheim		
597,00	LU	**Kesselheim**		
597,21	LU	Pegel		
598,42	–	Autobahnbrücke Bendorf	Durchfahrten Höhe über HSW	1 9,10 m
598,80–593,85	RU	**Niederwerth/Graswerth**		

Yachthafen

591,40	RU	**Hafen Ehrenbreitstein**	Diverse Bootshäuser Angaben: Seite 120

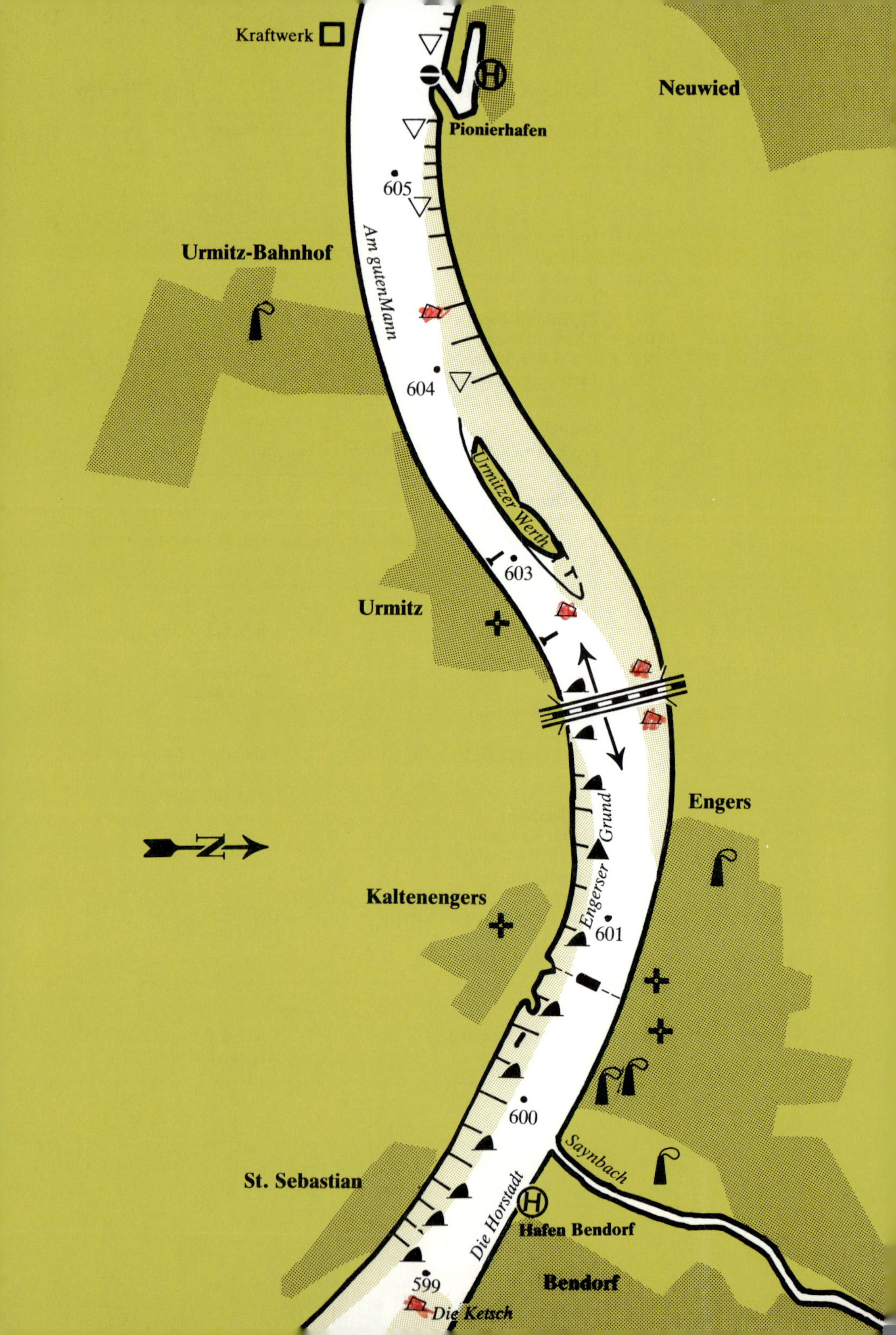
Kraftwerk
Neuwied
Pionierhafen
605
Am gutenMann
Urmitz-Bahnhof
604
Urmitzer Werth
603
Urmitz
Engers
Grund
Engerser
601
Kaltenengers
600
Saynbach
St. Sebastian
Die Horstadt
Hafen Bendorf
599
Bendorf
Die Ketsch

Karte 2 — Bendorf–Neuwied — km 598–606

km	Ufer-Seite	Beschreibung	Hinweise
598,87	LU	Pegel	
598,90–599,87	RU	Stromhafen Bendorf	
599,00	LU	**St. Sebastian**	
599,70	RU	**Bendorf**	
599,90	RU	Einmündung Saynbach	
600,68	–	Fähre Engers–Kaltenengers	
600,70	LU	**Kaltenengers**	
600,90	RU	**Engers**	
601,80	LU	Rampe	
601,90	RU	Rampe	
602,10	–	Eisenbahnbrücke Urmitz–Engers	Durchfahrten 1 Höhe über HSW 9,10 m
602,50–603,70	RU	Urmitzer Werth	Rechter Rheinarm nicht befahrbar.
602,80	LU	**Urmitz**	
604,20	LU	Urmitz-Bahnhof	
605,50	RU	Pionierhafen	Einfahrt verboten
605,70	LU	Kernkraftwerk	

Hochwassertreibgut

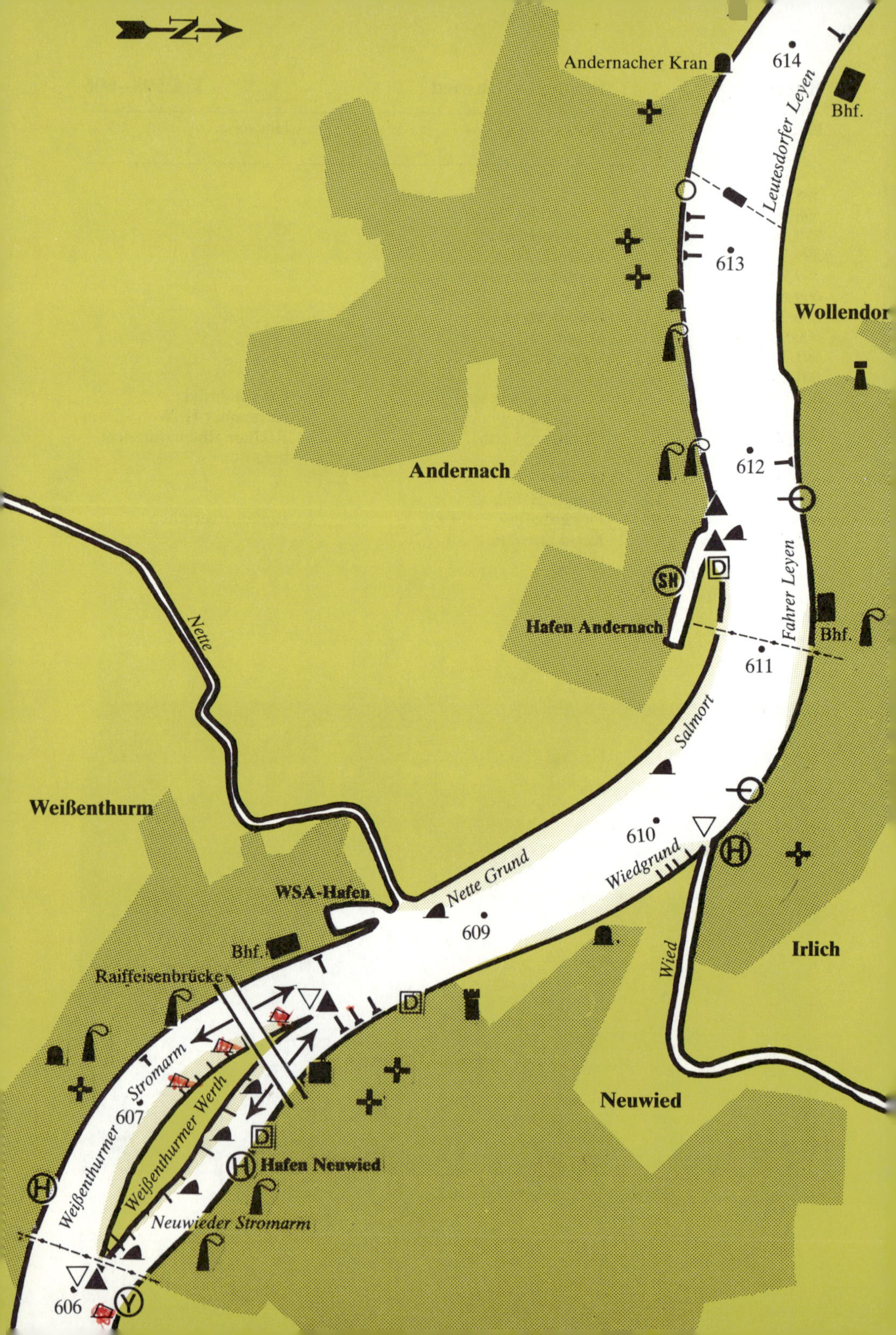

N
Andernacher Kran
614
Bhf.
Leutesdorfer Leyen
613
Wollendor
Andernach
612
Hafen Andernach
Fahrer Leyen
Bhf.
611
Nette
Salmort
Weißenthurm
610
Wiedgrund
Nette Grund
WSA-Hafen
609
Irlich
Wied
Bhf.
Raiffeisenbrücke
Stromarm
607
Weißenthurmer Werth
Neuwied
Hafen Neuwied
Weißenthurmer
Neuwieder Stromarm
606

km	Ufer-Seite	Beschreibung	Hinweise
605,60–607,10	LU	Stromhafen Weißenthurm	
605,90–608,20	–	Weißenthurmer Werth	
	RU	Neuwieder Stromarm	
	LU	Weißenthurmer Stromarm	
606,20	LU	Rampe	
606,00–608,70	RU	Stromhafen Neuwied	Im Neuwieder Stromarm.
606,85	LU	Pegel	
607,00	LU	**Weißenthurm**	
607,10–605,60	LU	Stromhafen Weißenthurm	
607,73	–	Straßenbrücke Weißenthurm–Neuwied	Durchfahrten 1 Höhe über HSW 9,10 m
607,70	RU	**Neuwied**	
608,05	RU	Pegel	Im Neuwieder Stromarm.
608,20–605,90	–	Weißenthurmer Werth	
608,40	LU	WSA-Hafen	
608,72	LU	Einmündung Nette	
610,20	RU	Einmündung Wied	
610,20	RU	Umschlagplatz Rasselstein	In der Wiedmündung.
610,30	RU	**Irlich**	
610,30–610,50	RU	Stromhafen Irlich	
611,95–612,80	LU	Reede Andernach	
611,95–612,80	LU	Schiffsliegeplatz	
612,80	LU	Hafen Andernach	Angaben: Seite 166
613,15	–	Fähre Leutesdorf–Andernach	
613,20	LU	**Andernach**	
613,80–614,00	LU	Reede Andernach	
613,80–614,00	LU	Schiffsliegeplatz	Für Fahrzeuge mit einem blauen Kegel.
613,82	LU	Pegel Andernach	

Yachthafen

605,70	RU	**Motor-Yacht-Club Neuwied e.V.**	ASH: Steganlage im Strom oberhalb des Neuwieder Stromarmes. Angaben: Seite 121

Bunkerstationen

607,50	RU	**Diesel**–Bunkerboot	Hafen Neuwied
608,00	RU	**Diesel**–Bunkerstation	Hafen Neuwied
611,60	LU	**Diesel**–Bunkerboot	Hafen Andernach

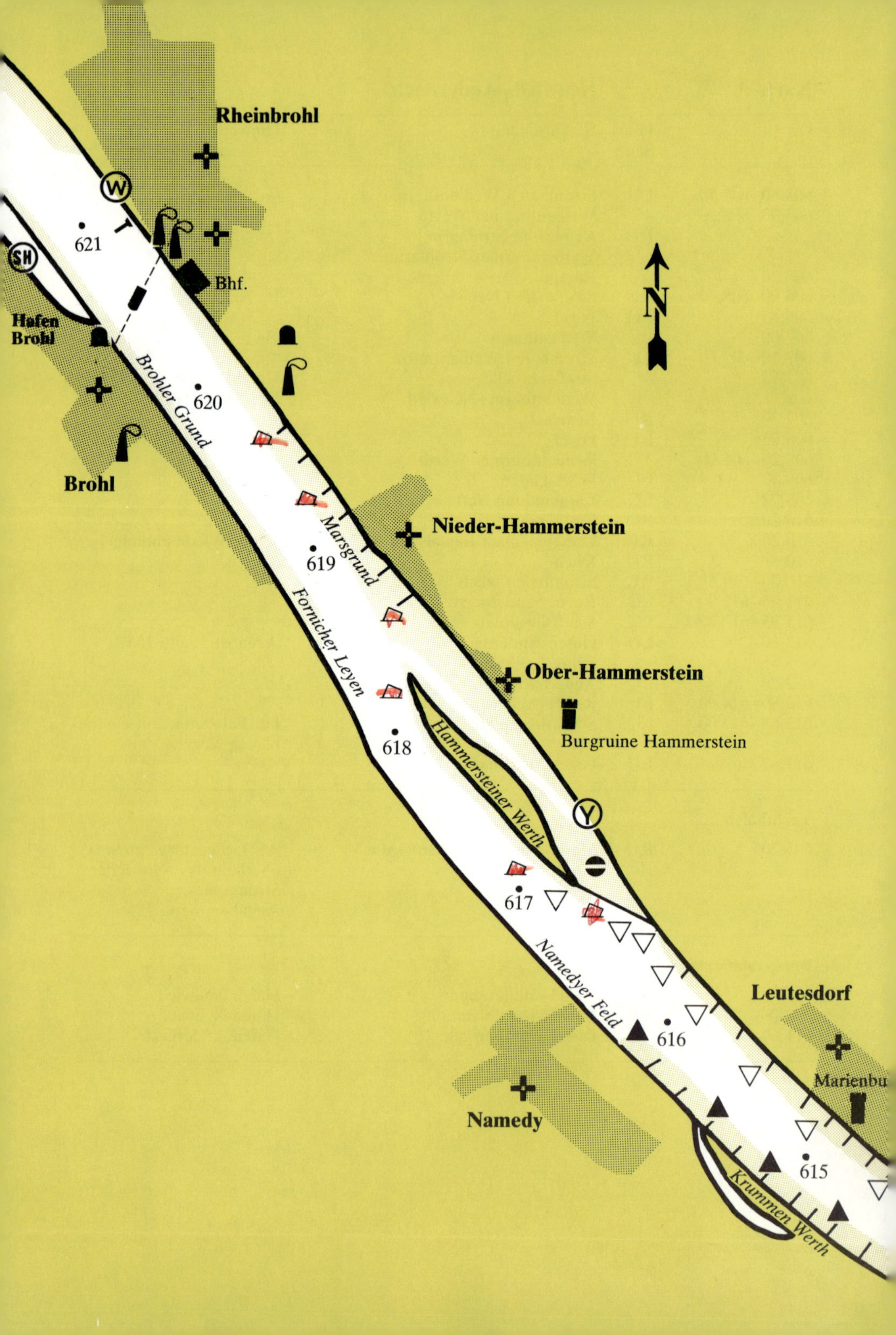

Rheinbrohl
W
621
SH
Bhf.
Hafen Brohl
Brohler Grund
620
Brohl
N
Marsgrund
619
Nieder-Hammerstein
Fornicher Leyen
Ober-Hammerstein
618
Burgruine Hammerstein
Hammersteiner Werth
Y
617
Namedyer Feld
616
Leutesdorf
Marienbu
Namedy
615
Krummen Werth

km	Ufer-Seite	Beschreibung	Hinweise
614,00–613,80	LU	Reede Andernach	
614,50	RU	**Leutesdorf**	
616,10	LU	**Namedy**	
616,30	LU	Pegel	
616,80–618,20	–	Hammersteiner Werth	Fahrwasser im linken Stromarm. Einfahrt in den rechten Stromarm nur von Unterstrom möglich. Obere Einfahrt durch Leitwerk gesperrt.
617,80	RU	**Ober-Hammerstein**	
618,60	RU	**Nieder-Hammerstein**	
618,65	LU	Pegel	
620,51	–	Fähre Brohl–Rheinbrohl	
620,51	LU	**Brohl**	
620,65	LU	Pegel Brohl	
621,00	RU	Werft	
621,50	LU	**Rheinbrohl**	

Yachthäfen

618,20	RU	**Yacht-Club Insel Hammerstein e. V.**	ASH: Einfahrt zwischen den gelben Tonnen und Hammersteiner Werth im rechten Stromarm. Angaben: Seite 122
618,20	RU	**1. Motorbootclub Leutesdorf/Rhein e. V.**	ASH: s. o. Angaben: Seite 123

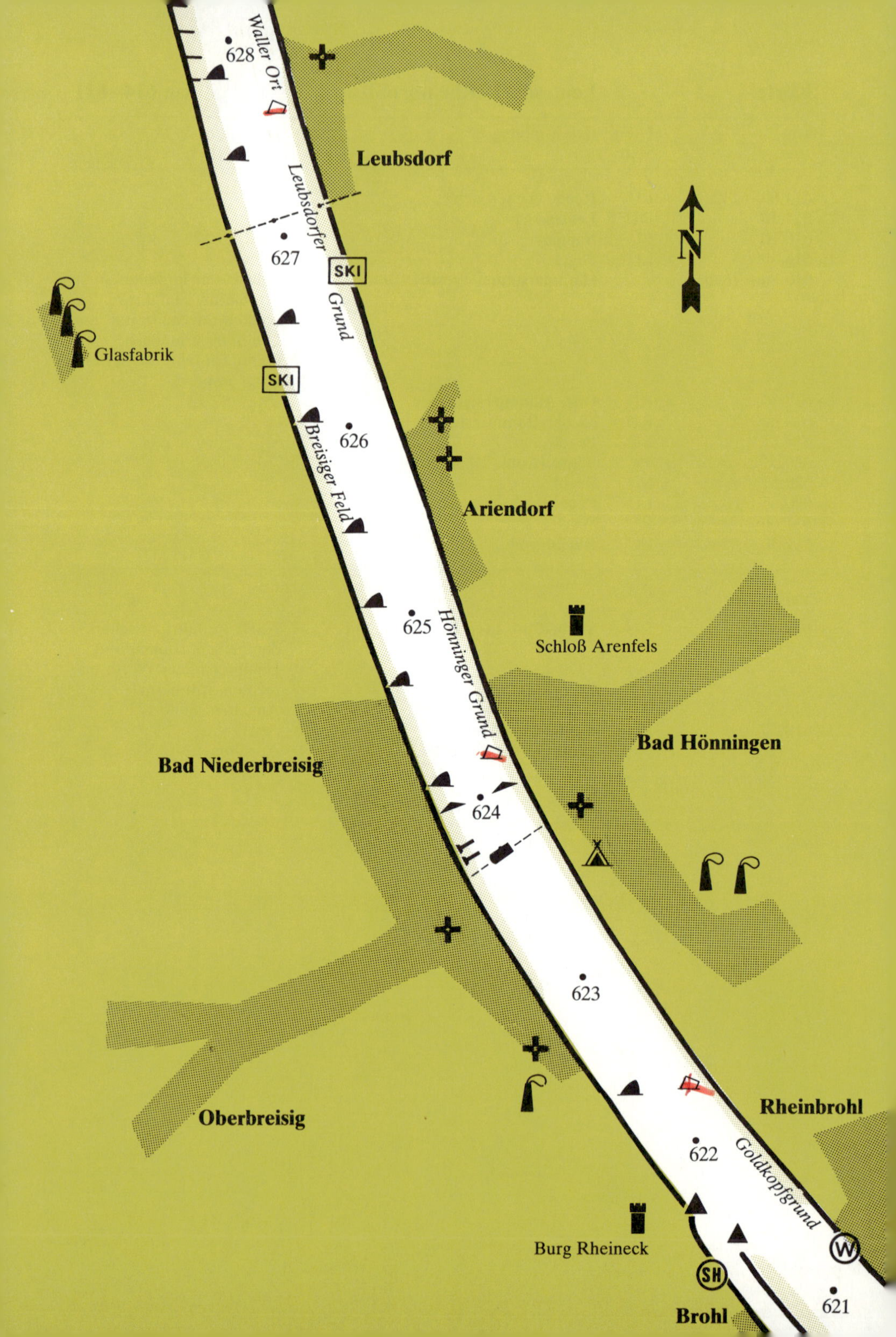

Waller Ort
628
Leubsdorf
Leubsdorfer Grund
627
SKI
N
Glasfabrik
SKI
Breisiger Feld
626
Ariendorf
625
Hönninger Grund
Schloß Arenfels
Bad Hönningen
Bad Niederbreisig
624
623
Rheinbrohl
Oberbreisig
622
Goldkopfgrund
Burg Rheineck
W
SH
Brohl
621

km	Ufer-Seite	Beschreibung	Hinweise
621,50	RU	Werft	
621,50	RU	**Rheinbrohl**	
621,70	LU	Hafen Brohl	
622,45	LU	Rampe	
622,55	RU	Rampe	
623,00	LU	**Oberbreisig**	
623,70	LU	**Niederbreisig**	
623,73	–	Fähre Niederbreisig–Hönningen	
623,90	RU	**Hönningen**	
625,80	RU	**Ariendorf**	
626,13	RU	Pegel	
627,70	RU	**Leubsdorf**	
627,70	LU	Rampe	
627,80	RU	Rampe	
628,10	RU	Pegel	

Erpeler Lei

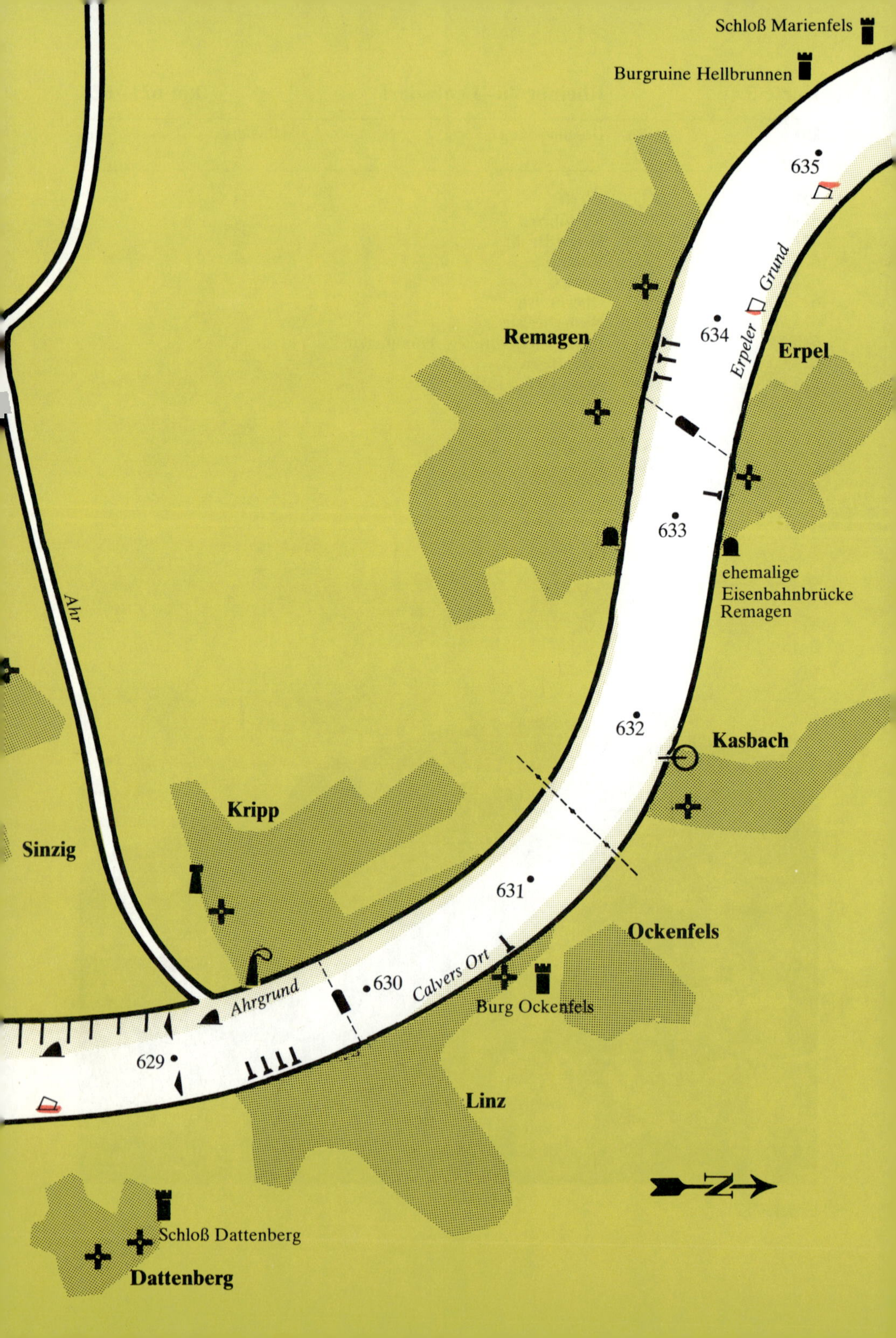

Schloß Marienfels
Burgruine Hellbrunnen
635
Erpeler Grund
634
Remagen
Erpel
633
ehemalige
Eisenbahnbrücke
Remagen
Ahr
632
Kasbach
Kripp
Sinzig
631
Ockenfels
630
Calvers Ort
Ahrgrund
Burg Ockenfels
629
Linz
N
Schloß Dattenberg
Dattenberg

km	Ufer-Seite	Beschreibung	Hinweise
628,10	RU	Pegel	
628,15	LU	**Sinzig**	
628,50	LU	**Dattenberg**	
629,30	LU	Einmündung Ahr	
629,70	LU	**Kripp**	
629,90		Fähre Kripp–Linz	
629,90	RU	**Linz**	
629,95	RU	Pegel Linz	
631,00	LU	**Ockenfels**	
631,80	RU	**Kasbach**	
633,40	RU	**Erpel**	
633,41	–	Fähre Erpel–Remagen	
633,50	LU	Orderstation Remagen	UKW 10 Telefon 02642/22011
633,51	LU	**Remagen**	
633,85	LU	Pegel	
635,00	LU	Pegel	

Königswinter: Drachenfels

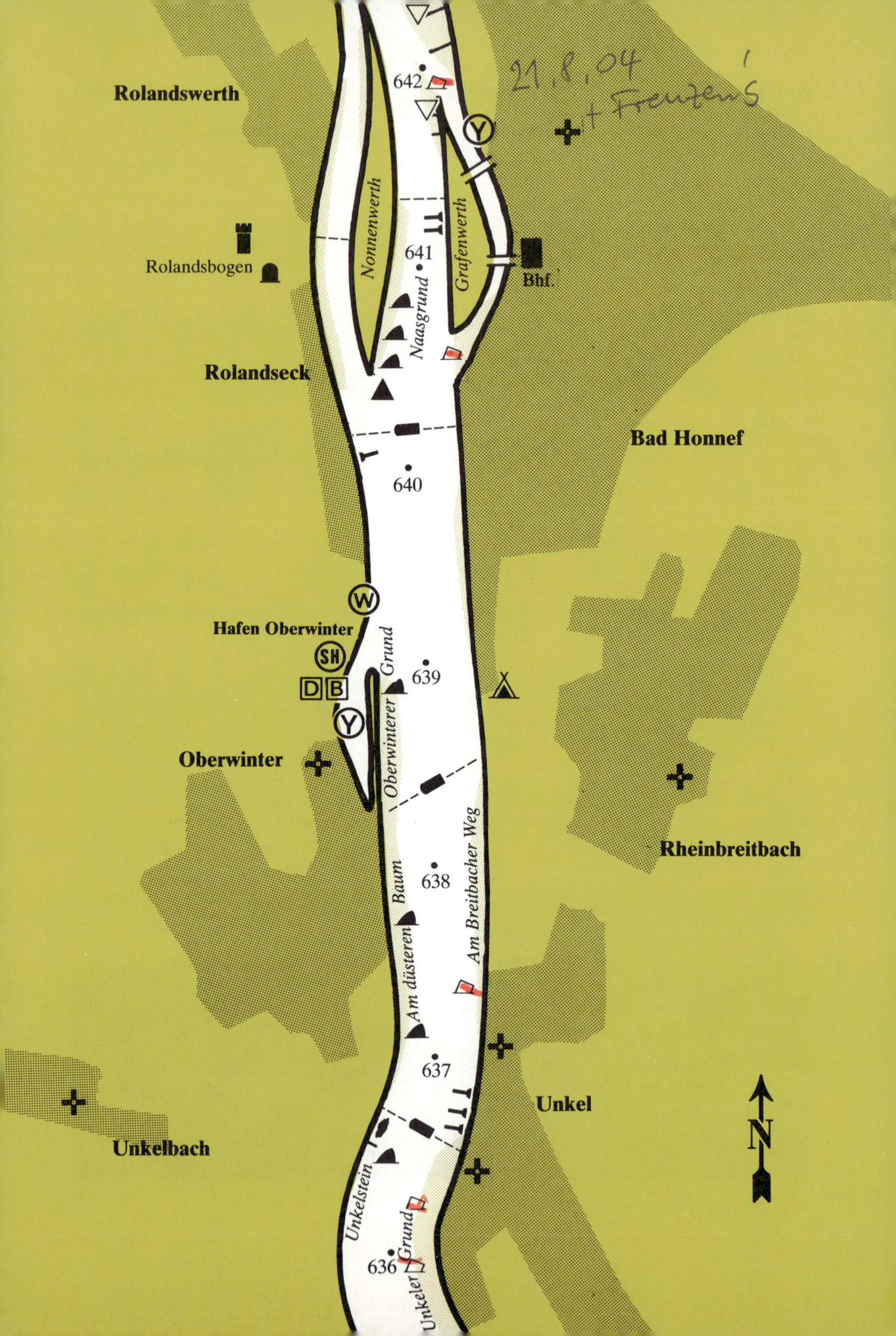

Rolandswerth
642
Nonnenwerth
Grafenwerth
Naasgrund
641
Rolandsbogen
Bhf.
Rolandseck
Bad Honnef
640
Hafen Oberwinter
Grund
639
Oberwinterer
Oberwinter
Rheinbreitbach
Am Breitbacher Weg
638
Baum
Am düsteren
637
Unkel
Unkelbach
Unkelstein
Grund
Unkeler
636
N

km	Ufer-Seite	Beschreibung	Hinweise
636,60–636,98	LU	Unkelsteine	Sehr starke Wirbel im Bereich der Unkelsteine. RU anhalten.
636,60	RU	**Unkel**	
636,68	–	Fähre Unkelbach–Unkel	
636,69	LU	**Unkelbach**	
636,98	RU	Pegel	
637,30	LU	Rampe	
637,40	RU	Rampe	
638,18	LU	Pegel	
638,50	LU	**Oberwinter**	
638,60	RU	**Rheinbreitbach**	
639,10	LU	Hafen Oberwinter	
639,35	LU	Werft	
640,00	LU	**Rolandseck**	
640,08	LU	Pegel	
640,20	LU	Rampe	
640,20	RU	Rampe	
640,20	–	Fähre Rolandseck–Honnef	
640,32–642,55	LU	Nonnenwerth	**Wahrschau:** Das Nonnenwerther Fahrwasser – LU – kann nur bei Pegel Köln, 2,50 m steigend, befahren werden.
640,45–641,83	RU	Grafenwerth	Altrheinarm Grafenwerth oberstrom gesperrt.
641,08	–	Fähre Nonnenwerth–Grafenwerth	
641,30	RU	**Bad Honnef**	
641,80	LU	**Rolandswerth**	
Yachthäfen			
639,10	LU	**Marina Oberwinter**	ASH: Hafen Oberwinter Angaben: Seite 124
639,10	LU	**Bonner Yacht-Club 1911 e. V.**	ASH: Hafen Oberwinter Angaben: Seite 125
639,10	LU	**Yacht-Club Mittelrhein e. V., Bad Godesberg**	ASH: Hafen Oberwinter Angaben: Seite 126
642,00	RU	**Wassersportverein Honnef e. V.**	ASH: Einfahrt nur unterstrom Grafenwerth. Fahrrinne im Hafen ca. 10 m parallel zum Leitwerk. Bei Hochwasser wird das Leitwerk überspült. Angaben: Seite 127
Bunkerstationen			
639,10	LU	**Diesel** – Bootstankstelle	Hafen Oberwinter
639,10	LU	**Benzin** – Bootstankstelle	Hafen Oberwinter
639,10	LU	**Super** – Bootstankstelle	Hafen Oberwinter

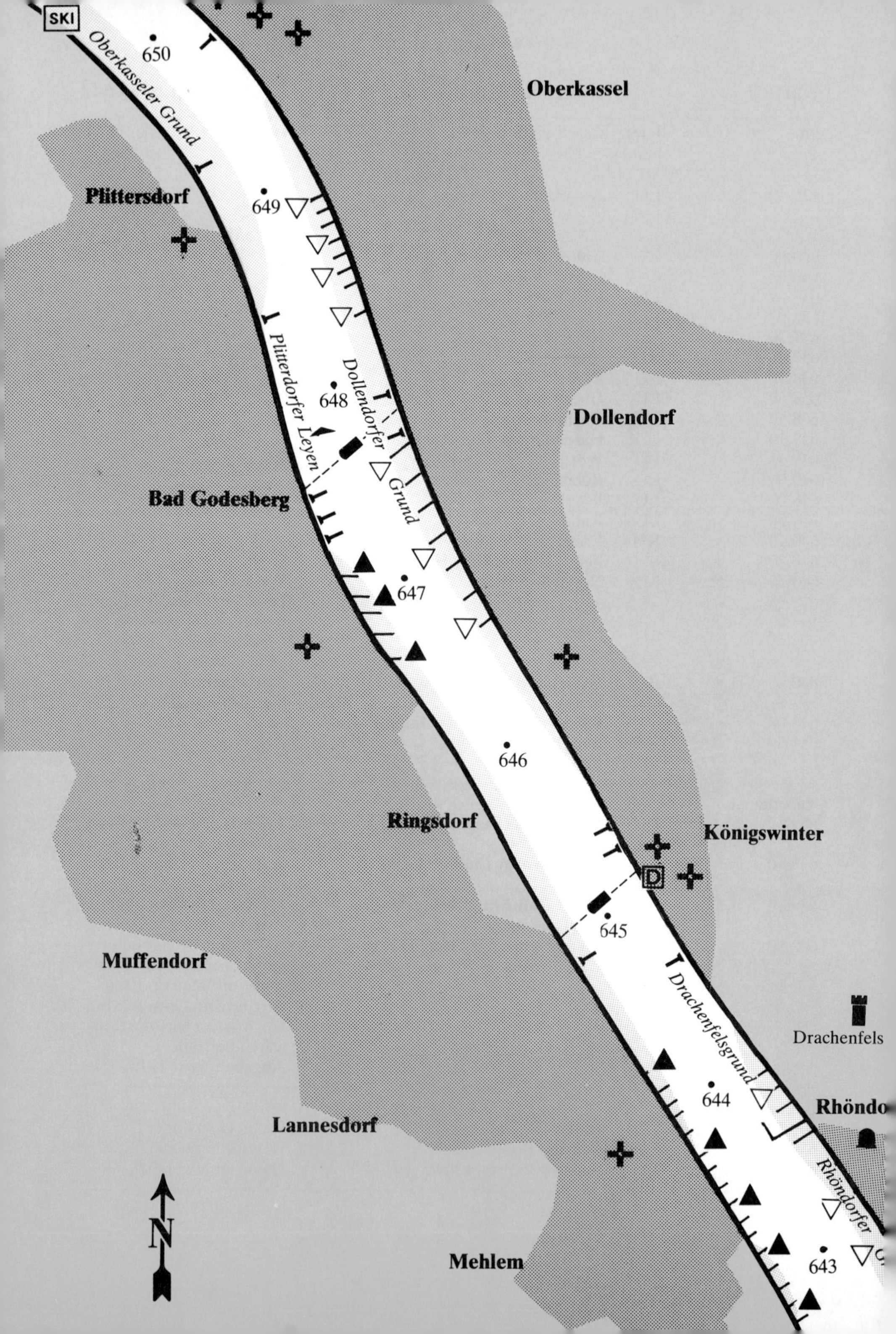

SKI
650
Oberkasseler Grund
Oberkassel
Plittersdorf
649
Plitterdorfer Leyen
Dollendorfer Grund
648
Dollendorf
Bad Godesberg
647
646
Ringsdorf
Königswinter
D
645
Drachenfelsgrund
Drachenfels
Muffendorf
644
Lannesdorf
Rhöndorfer
643
Mehlem
N

km	Ufer-Seite	Beschreibung	Hinweise
642,98	RU	Pegel	
643,00	RU	**Rhöndorf**	
643,50	RU	Wahrschaufloß	
644,00	LU	**Mehlem**	
644,50–646,00	RU		

Fahrhinweis:
In diesem Streckenbereich muß vom Königswinterer Ufer ein Mindestabstand von 80 m eingehalten werden.

644,62	LU	Pegel	
645,10	–	Fähre Königswinter–Mehlem	
645,11	RU	Pegel	
645,30	RU	**Königswinter**	
646,50	LU	**Ringsdorf**	
647,18	LU	Pegel	
647,60	–	Fähre Bad Godesberg–Dollendorf	
647,60	RU	**Dollendorf**	
647,60	LU	**Bad Godesberg**	
648,40	LU	**Plittersdorf**	
650,00	RU	**Oberkassel**	

Bunkerstation

645,11	RU	**Diesel**–Bunkerboot	Fähre Königswinter

Königswinter: Rheinfront

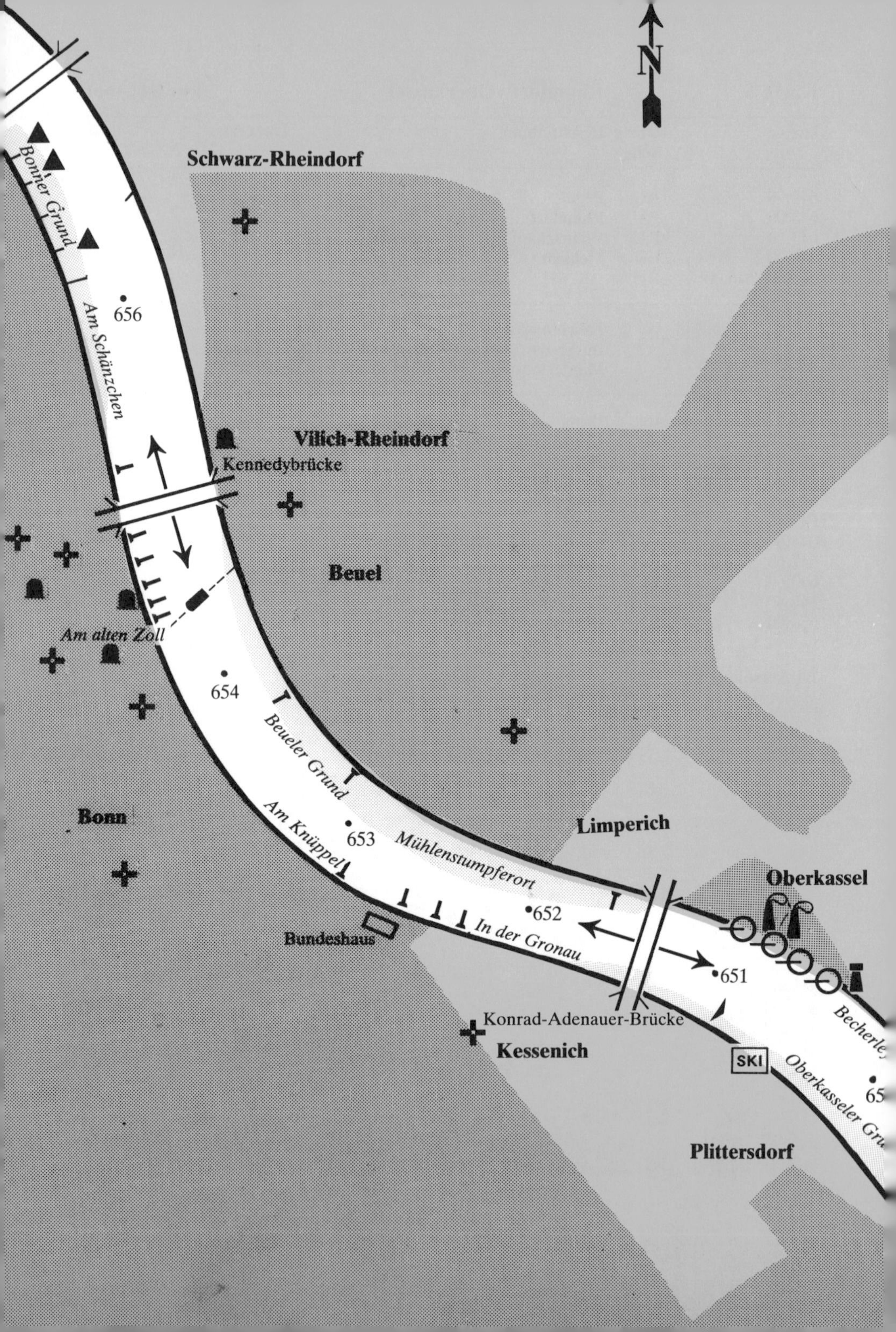

N
Schwarz-Rheindorf
Bonner Grund
656
Am Schänzchen
Vilich-Rheindorf
Kennedybrücke
Beuel
Am alten Zoll
654
Beueler Grund
Bonn
Am Knüppel
653
Mühlenstumpferort
Limperich
Oberkassel
652
In der Gronau
Bundeshaus
651
Konrad-Adenauer-Brücke
Kessenich
SKI
Oberkasseler Gr
Plittersdorf

km	Ufer-Seite	Beschreibung	Hinweise	
648,40	LU	**Plittersdorf**		
650,00	RU	**Oberkassel**		
650,60–651,00	RU	Umschlagplatz		
650,69	RU	Pegel		
651,38	–	Straßenbrücke	Durchfahrten	1
		Konrad-Adenauer-Brücke	Höhe über HSW	9,10 m
652,00	LU	**Kessenich**		
652,50	RU	**Limperich**		
654,32	–	Fähre Bonn–Beuel		
654,70	RU	**Beuel**		
654,77	LU	**Bonn**		
654,77	LU	Pegel Bonn		
654,94	–	Straßenbrücke	Durchfahrten	1
		Kennedy-Brücke	Höhe über HSW	9,10 m
655,50	LU	Rampe		
655,90	RU	**Schwarz-Rheindorf**		

Fahrhinweis:
Oberhalb der Straßenbrücke – LU – km 657,00 nicht gekennzeichnete Untiefe. Mitte Fahrwasser halten.

657,15	–	Straßenbrücke	Durchfahrten	1
		Friedr.-Ebert-Brücke	Höhe über HSW	9,10 m

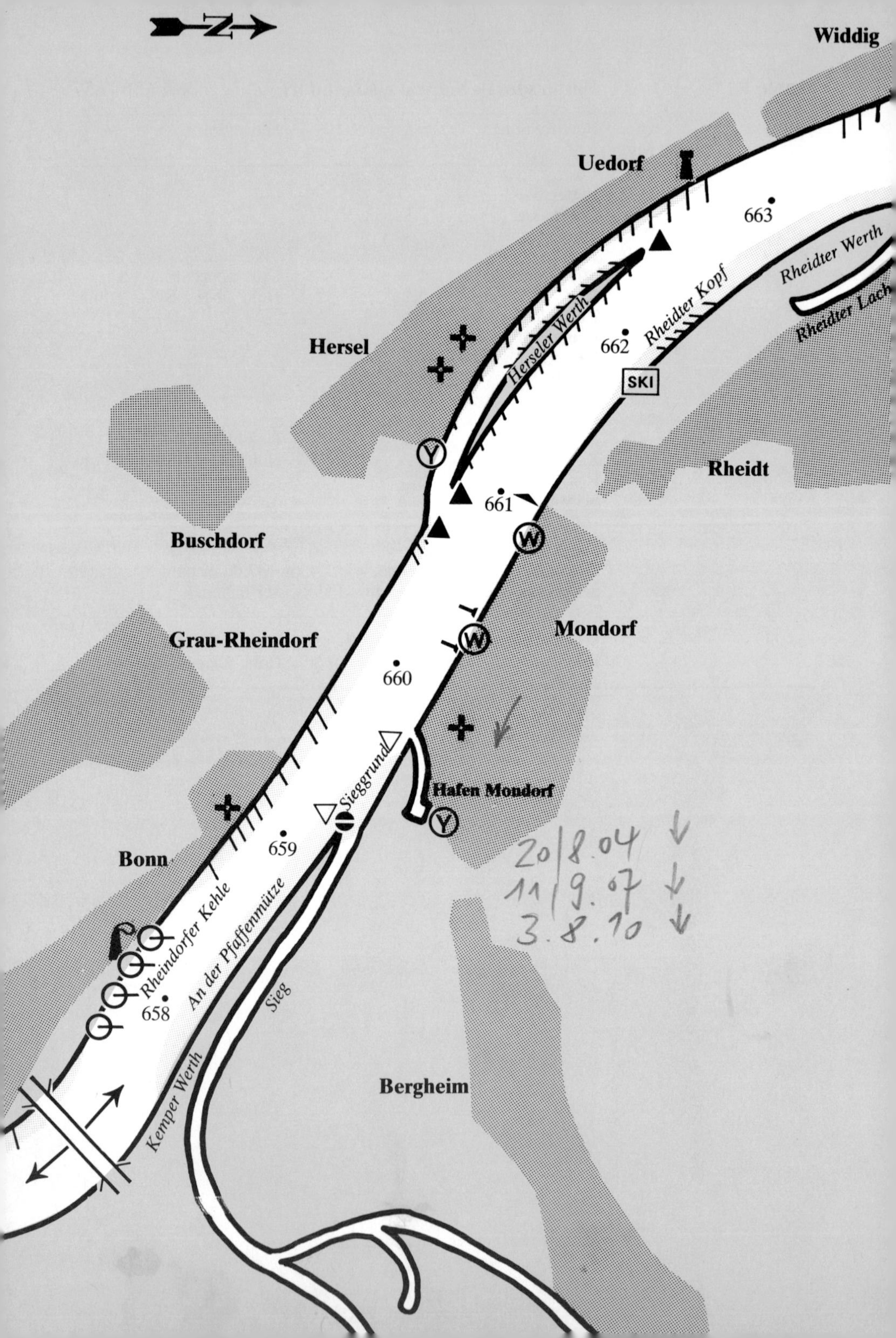

Z
Widdig
Uedorf
663
Rheidter Werth
Rheidter Lach
Rheidter Kopf
Herseler Werth
662
SKI
Hersel
Rheidt
661
Buschdorf
Mondorf
Grau-Rheindorf
660
Sieggrund
Hafen Mondorf
659
Bonn
Rheindorfer Kehle
An der Pfaffenmütze
658
Sieg
Kemper Werth
Bergheim
20/8.04
11/9.07
3.8.10

km	Ufer-Seite	Beschreibung	Hinweise
		Fahrhinweis: Oberhalb der Straßenbrücke – LU – km 657,00 nicht gekennzeichnete Untiefe. Mitte Fahrwasser halten.	
657,15	–	Straßenbrücke Friedr.-Ebert-Brücke	Durchfahrten 1 Höhe über HSW 9,10 m
657,60–658,50	LU	Stromhafen Bonn	
658,00	LU	Pegel	
658,30	LU	**Grau-Rheindorf**	
659,35	RU	Einmündung Sieg	
659,80	RU	WSA-Hafen Mondorf	
659,90	RU	Pegel	
660,00	RU	**Mondorf**	
660,27	RU	Werft	
660,84–662,43	LU	Herseler Werth	Einfahrt Herseler Stromarm von Unterstrom. Höchstgeschwindigkeit 5 km/h.
660,90	RU	Werft	
661,40	LU	**Hersel**	
662,70	LU	**Uedorf**	
663,00	RU	**Rheidt**	
663,44	LU	Pegel	
663,70	LU	**Widdig**	

Yachthäfen

659,80	RU	**Motor-Yacht-Club Mondorf e.V.**	ASH: Hafen Mondorf Angaben: Seite 128
659,80	RU	**Rhein-Yacht-Club Niederkassel-Mondorf e.V.**	ASH: Hafen Mondorf Angaben: Seite 129
661,00	LU	**Yacht-Club Hersel 1971 e.V.**	ASH: Im Herseler Stromarm Angaben: Seite 130

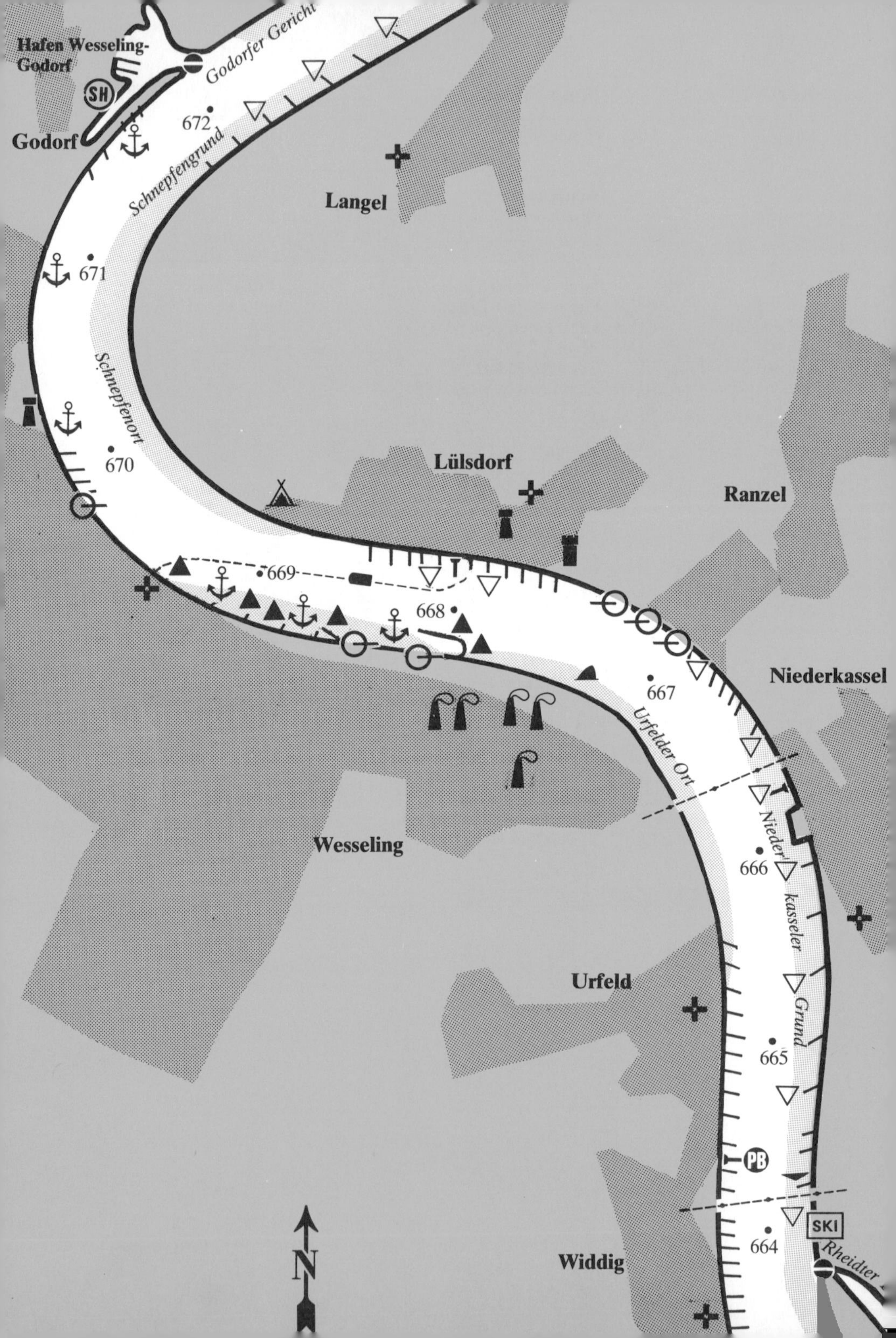

Hafen Wesseling-
Godorf
SH
Godorf
Godorfer Gericht
672
Schnepfengrund
Langel
671
Schnepfenort
670
Lülsdorf
Ranzel
669
668
667
Niederkassel
Urfelder Ort
Wesseling
Nieder
666
kasseler
Grund
Urfeld
665
PB
SKI
664
Widdig
Rheidter
N

km	Ufer-Seite	Beschreibung	Hinweise
663,70	LU	**Widdig**	
664,45	LU	Rampe	
664,45	RU	Rampe	
665,30	LU	**Urfeld**	
665,60	RU	**Niederkassel**	
666,95–667,15	RU	Umschlagplatz	
667,00	RU	**Ranzel**	
667,80	RU	**Lülsdorf**	
667,80–668,10	LU	Verladebrücke	Sicherheitsabstand mindestens 50 m.
667,93–672,30	LU	Reede Wesseling	

Fahrhinweis:
Entlang der gesamten Reede sind am LU Schiffsliegeplätze eingerichtet. Es muß mit starkem Manövrier-Verkehr gerechnet werden. Auf Reeden müssen Schleppverbände mit nur einem Anhang nicht mit Zylinder und Ball gekennzeichnet sein.

km	Ufer-Seite	Beschreibung	Hinweise
667,93–668,03	LU	Umschlagplatz	
667,95	RU	Fähre Lülsdorf–Wesseling	
668,30–668,45	LU	Umschlagplatz	
668,45–668,95	LU	Schiffsliegeplatz	Für Fahrzeuge mit einem blauen Kegel.
669,00–669,30	LU	Schiffsliegeplatz	Für Fahrzeuge mit zwei blauen Kegeln.
669,20	LU	**Wesseling**	
669,40	LU	Fähre Wesseling–Lülsdorf	
669,49	LU	Wendestelle	
669,58–669,90	LU	Schiffsliegeplatz	
669,88	LU	Pegel	
669,90–670,20	LU	Schiffsliegeplatz	Für Schubschiffahrt
670,33–671,80	LU	Schiffsliegeplatz	
670,63–671,80	LU	Umschlagplatz	
670,65–670,85	LU	Schiffsliegeplatz	Für Schubschiffahrt
671,22	LU	Pegel	
671,50	LU	**Godorf**	
671,93	LU	Hafen Wesseling-Godorf	
672,30–667,93	LU	Reede Wesseling	
673,30	RU	**Langel**	

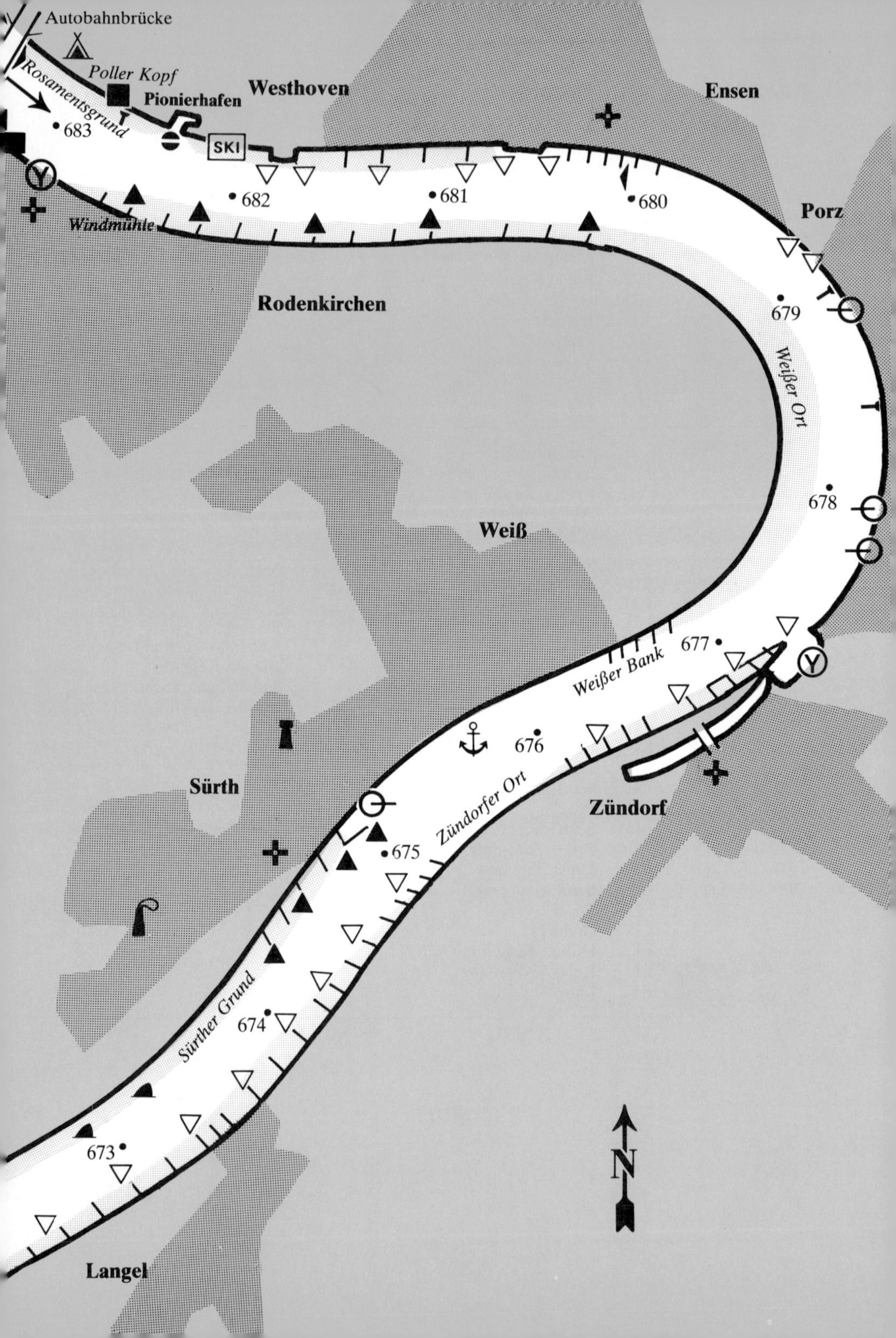

Autobahnbrücke
Poller Kopf
Rosamentsgrund
Pionierhafen
Westhoven
Ensen
SKI
683
682
681
680
Windmühle
Porz
Rodenkirchen
679
Weißer Ort
678
Weiß
677
Weißer Bank
676
Sürth
Zündorfer Ort
Zündorf
675
Sürther Grund
674
673
N
Langel

km	Ufer-Seite	Beschreibung	Hinweise
673,30	RU	**Langel**	
674,40	LU	**Sürth**	
675,20	LU	Pegel	
675,40–675,90	LU	Schiffsliegeplatz	Für Fahrzeuge mit blauen Kegeln.
676,30	LU	**Weiss**	
676,30	RU	**Zündorf**	
677,70–677,90	RU	Umschlagplatz	
678,40	RU	**Porz**	
678,50	RU	Pegel	
680,00	RU	**Ensen**	
681,00	RU	**Westhoven**	
682,28	RU	Pionierhafen	Einfahrt verboten
682,80	LU	**Rodenkirchen**	
683,37	–	Autobahnbrücke Rodenkirchen	Durchfahrten 1 Höhe über HSW 9,10 m

Yachthafen

677,30	RU	**Club für Wassersport Porz e. V. 1926**	Angaben: Seite 131

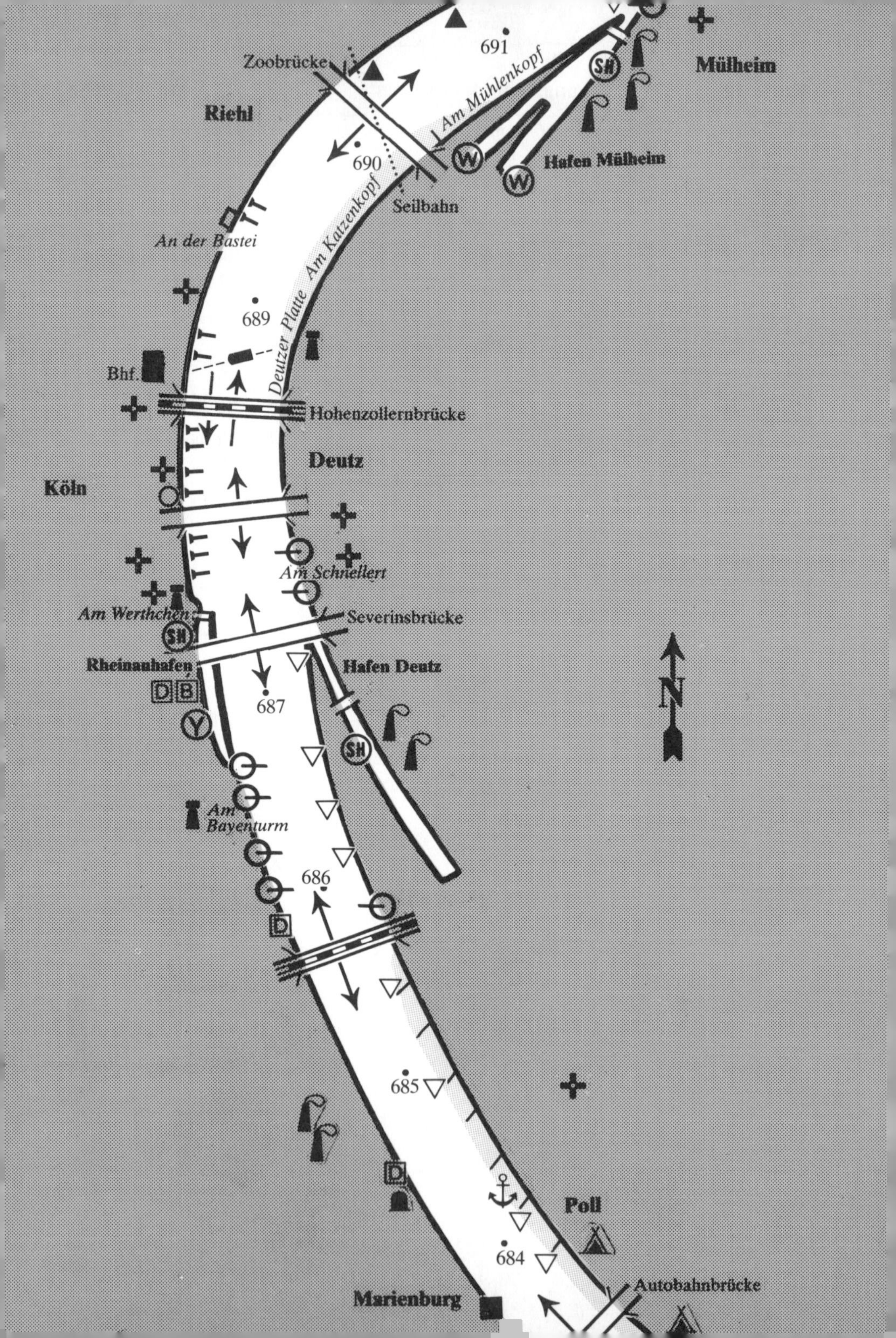

691
Zoobrücke
Am Mühlenkopf
Mülheim
Riehl
690
Hafen Mülheim
Seilbahn
Am Katzenkopf
An der Bastei
689
Deutzer Platte
Bhf.
Hohenzollernbrücke
Deutz
Köln
Am Schnellert
Am Werthchen
Severinsbrücke
Rheinauhafen
Hafen Deutz
687
N
Am Bayenturm
686
685
Poll
684
Marienburg
Autobahnbrücke

Karte 13 Rodenkirchen–Mülheim km 683–691

km	Ufer-Seite	Beschreibung	Hinweise	
682,80	LU	**Rodenkirchen**		
682,80	LU	Pegel		
683,37	–	Autobahnbrücke Rodenkirchen	Durchfahrten	1
			Höhe über HSW	9,10 m
684,00	LU	**Marienburg**		
684,70	RU	**Poll**		
685,71	–	Eisenbahnbrücke Köln-Süd	Durchfahrten	3
			Höhe über HSW	9,10 m
685,80–687,50	LU	Stromhafen Köln		
687,20	–	Straßenbrücke Severinsbrücke	Durchfahren	1
			Höhe über HSW	9,10 m
687,30	RU	Hafen Deutz		
687,50	LU	Rheinauhafen		
687,50–689,50	LU	Schiffsliegeplatz	Für Fahrgastschiffe und Fähren	
687,93	–	Straßenbrücke Köln-Deutz	Durchfahrten	1
			Höhe über HSW	9,10 m
688,00	LU	**Köln**		
688,00	RU	**Deutz**		
688,00	LU	Pegel Köln	Siehe Seite 31	
688,48	–	Eisenbahnbrücke	Durchfahrten	3
		Hohenzollernbrücke	Höhe über HSW	9,10 m
688,60	–	Fähre Köln–Deutz		
698,41	LU	Bastei		
698,53	LU	Pegel		
690,16	–	Straßenbrücke Zoobrücke	Durchfahrten	1
			Höhe über HSW	9,10 m
690,16	–	Rheinseilbahn		
690,30	LU	**Riehl**		
691,50	RU	Hafen Mülheim		

Rodenkirchen: Bootshaus „Alte Liebe“

Köln: Ausflugsschiff vor der Hohenzollernbrücke

Yachthäfen

682,80–683,70	LU	**Rodenkirchen**	Schwimmende Bootshäuser mit Steganlagen im Strom. Bei Anfahrt auf Strömung und Schiffsverkehr achten.
687,50	LU	**Interessengemeinschaft Rheinau-Sporthafen e. V.**	ASH: Rheinauhafen. Drehbrücke über Hafeneinfahrt. Bei Hochwasser auf Durchfahrtshöhe achten. Geschlossen montags bis freitags von 7.30 Uhr bis 17.00 Uhr. Wird auf Anmeldung unter Telefon 02 21 / 3 38 11 geöffnet. Angaben: Seite 132

Bunkerstationen

684,50	LU	**Diesel** – Bunkerboot	Marienburg
685,90	LU	**Diesel** – Bunkerstation	Unterhalb Südbrücke
687,50	LU	**Diesel** – Bootstankstelle	Rheinauhafen
687,50	LU	**Benzin** – Bootstankstelle	Rheinauhafen

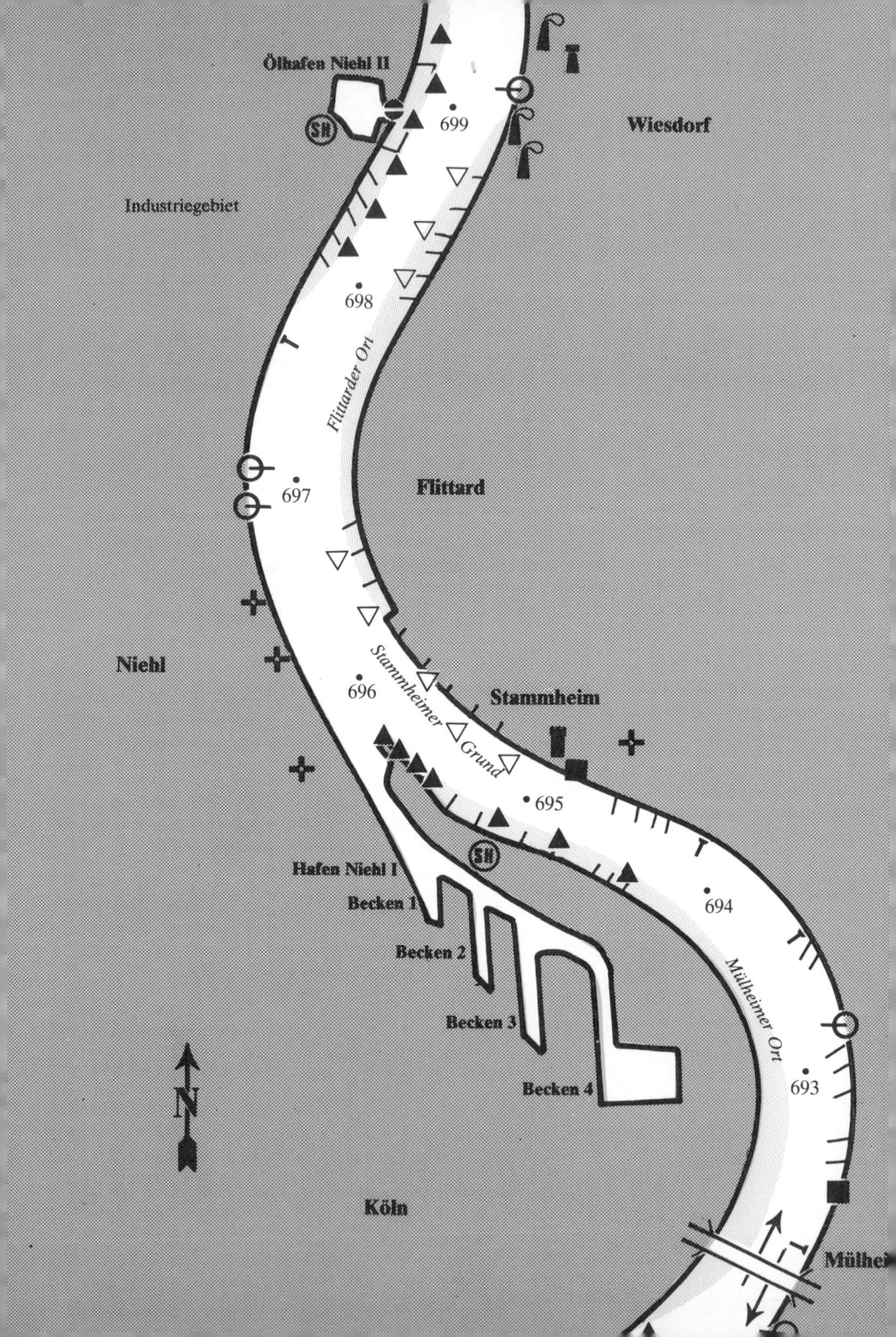

Ölhafen Niehl II
699
Wiesdorf
Industriegebiet
698
Flittarder Ort
697
Flittard
Niehl
696
Stammheimer Grund
Stammheim
695
694
Hafen Niehl I
Becken 1
Becken 2
Becken 3
Becken 4
Mülheimer Ort
693
N
Köln

km	Ufer-Seite	Beschreibung	Hinweise
691,95	–	Straßenbrücke Köln–Mülheim	Durchfahrten 1 Höhe über HSW 9,10 m
692,10	RU	Pegel	
693,10 – 693,20	RU	Umschlagplatz	
694,50	RU	**Stammheim**	
695,80	LU	Hafen Niehl I	
696,12	LU	Pegel	
696,30	LU	**Niehl**	
697,80	LU	Pegel	
697,80 – 698,10	LU	Umschlagplatz	
698,30	RU	**Flittard**	
699,10	LU	Ölhafen Niehl II	Für Fahrzeuge mit blauen Kegeln.
699,00 – 700,50	RU	Leverkusen Stromhafen Bayer	

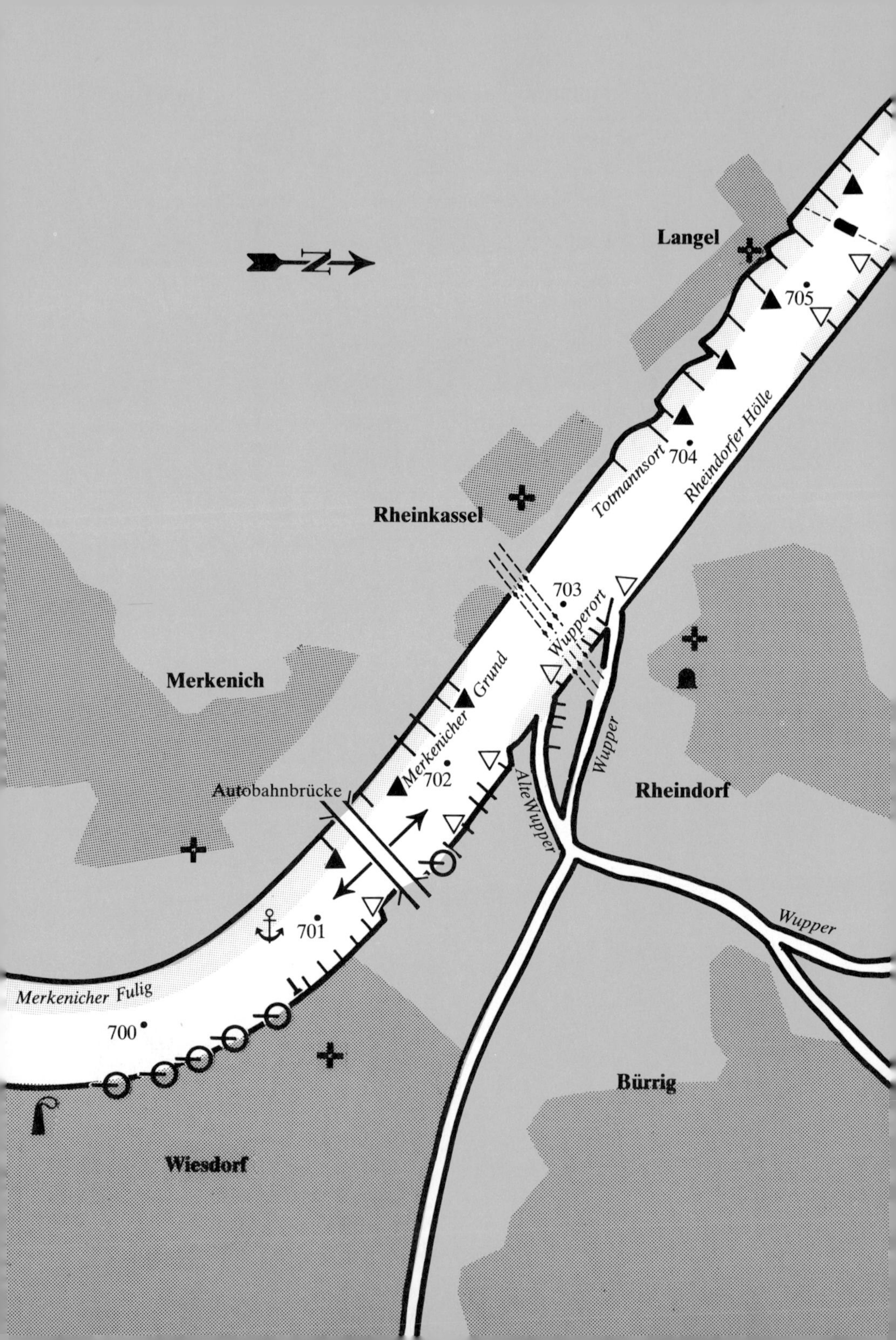

Z
Langel
705
Rheinkassel
Totmannsort
704
Rheindorfer Hölle
703
Wupperort
Merkenich
Merkenicher Grund
702
Autobahnbrücke
Alte Wupper
Wupper
Rheindorf
701
Wupper
Merkenicher Fulig
700
Bürrig
Wiesdorf

km	Ufer-Seite	Beschreibung	Hinweise	
699,00–700,50	RU	Leverkusen Stromhafen Bayer		
700,50–701,00	LU	Schiffsliegeplatz	Nur für Schiffe mit blauen Kegeln.	
700,50	LU	**Merkenich**		
700,50	RU	**Wiesdorf**		
701,45	–	Autobahnbrücke Leverkusen	Durchfahrten	1
			Höhe über HSW	9,10 m
702,60	RU	Einmündung Wupper		
703,00	RU	Alte Einmündung Wupper		
703,20	RU	**Rheindorf**		
703,40	LU	**Rheinkassel**		
704,80	LU	**Langel**		
705,26	LU	Pegel		
705,40	–	Fähre Langel–Hitdorf		
705,40	LU	Rampe		
705,40	RU	Rampe		

Köln: Rheinfront

An der Denne
Baumberg
715
SKI
Baumberger Ort
714
Dormagen
Piwipp
Vogelort
713
712
Platthals
Monheim
711
N
Am Ödstein
710
709
Worringer Ort
Hafen Worringen
708
Blee
Bleerer Höfe
Pilgramskopf
Hitdorf
707
Hitdorfer Bucht
706
Worringen

km	Ufer-Seite	Beschreibung	Hinweise
706,00	RU	**Hitdorf**	
707,00	RU	Hafen Hitdorf	
707,60	RU	**Blee**	
708,07	RU	Pegel	
709,10	LU	**Worringen**	
709,50–709,90	LU	Schiffsliegeplatz	
709,90	LU	Hafen Worringen	
709,90–710,82	LU	Stromhafen Dormagen	
710,46	LU	Pegel	
711,50	LU	**Dormagen**	
713,50	RU	**Monheim**	
713,50	–	Fähre Piwipp	
713,55	LU	Orderstation Piwipp	UKW 10 Telefon 0 21 06 / 4 20 54
713,60	LU	Piwipp	
714,00	RU	Umschlagplatz	
714,10	RU	Pegel	
715,60	RU	**Baumberg**	

Yachthäfen

707,00	RU	**Yacht-Club Wuppertal-Hitdorf e. V.**	ASH: Hafen Hitdorf Angaben: Seite 133
707,00	RU	**Yacht-Club Leverkusen-Hitdorf e. V.**	ASH: Hafen Hitdorf Angaben: Seite 134

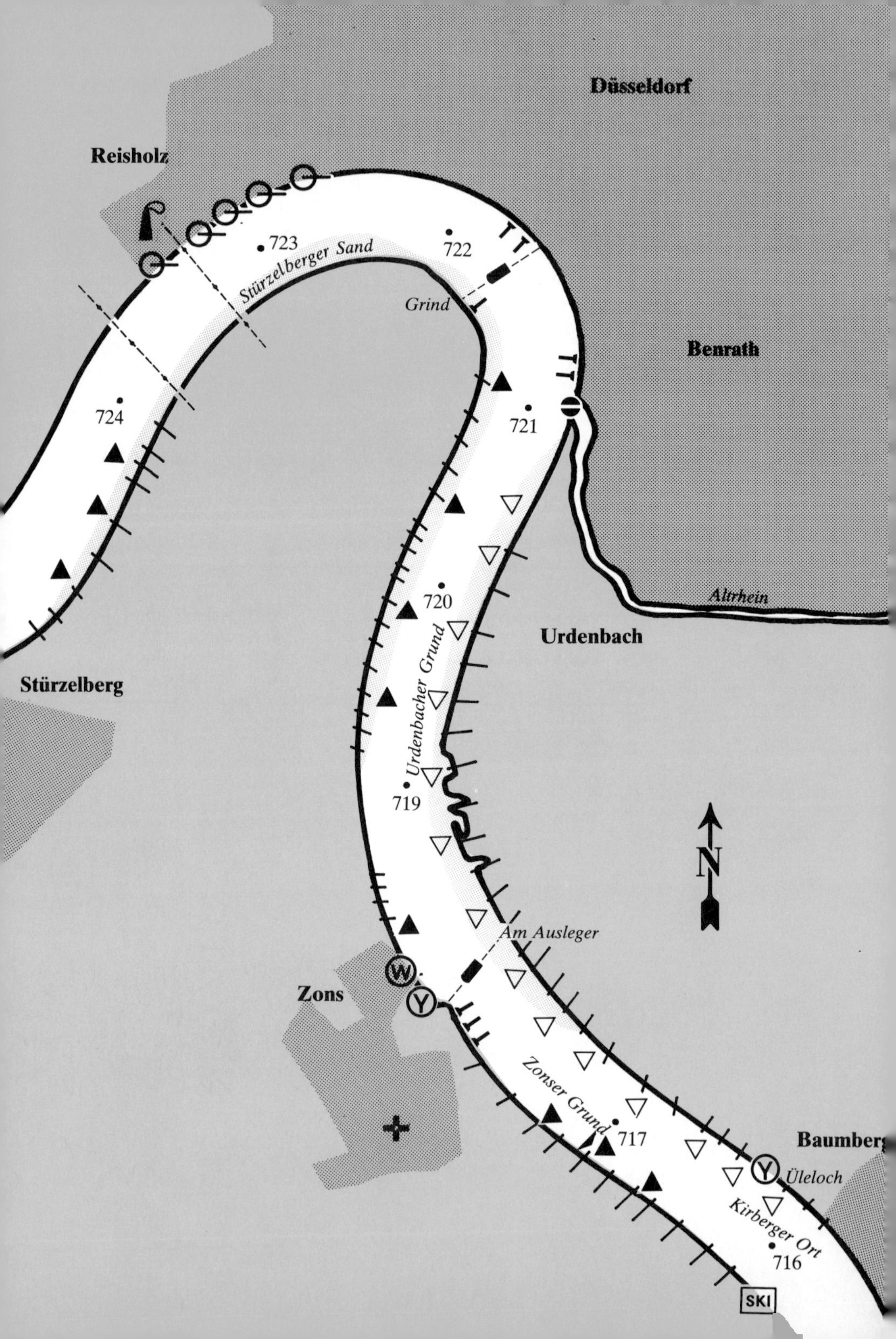
Düsseldorf
Reisholz
723
722
Stürzelberger Sand
Grind
Benrath
724
721
Altrhein
720
Urdenbach
Stürzelberg
Urdenbacher Grund
719
N
Am Ausleger
Zons
Zonser Grund
717
Baumberg
Üleloch
Kirberger Ort
716
SKI

km	Ufer-Seite	Beschreibung	Hinweise
715,60	RU	**Baumberg**	
717,50	LU	**Zons**	
718,00	–	Fähre Zons–Ausleger	
718,10	LU	Orderstation	UKW 10 Telefon 0 21 06 / 54 44, 20 77
718,15	LU	Werft	
721,08	RU	Einmündung Altrhein	
721,30	RU	**Benrath**	
721,44	RU	Pegel	
721,80	–	Fähre Grind–Benrath	
722,50–723,90	RU	Stromhafen Reisholz	
723,00	RU	**Reisholz**	

Yachthäfen

716,55	RU	**Motor-Yacht-Club Hilden e.V.**	ASH: Steganlage im Strom. Angaben: Seite 135
718,15	LU	**Yachtclub Rheinau Zons e.V.**	ASH: Steganlage im Strom direkt unterhalb der Fähre. Angaben: Seite 136

Köln: Ehemalige Schiffswerft Berninghaus mit Räderboot „Oskar Huber“, dem letzten heute in Ruhrort stationierten Radschlepper.

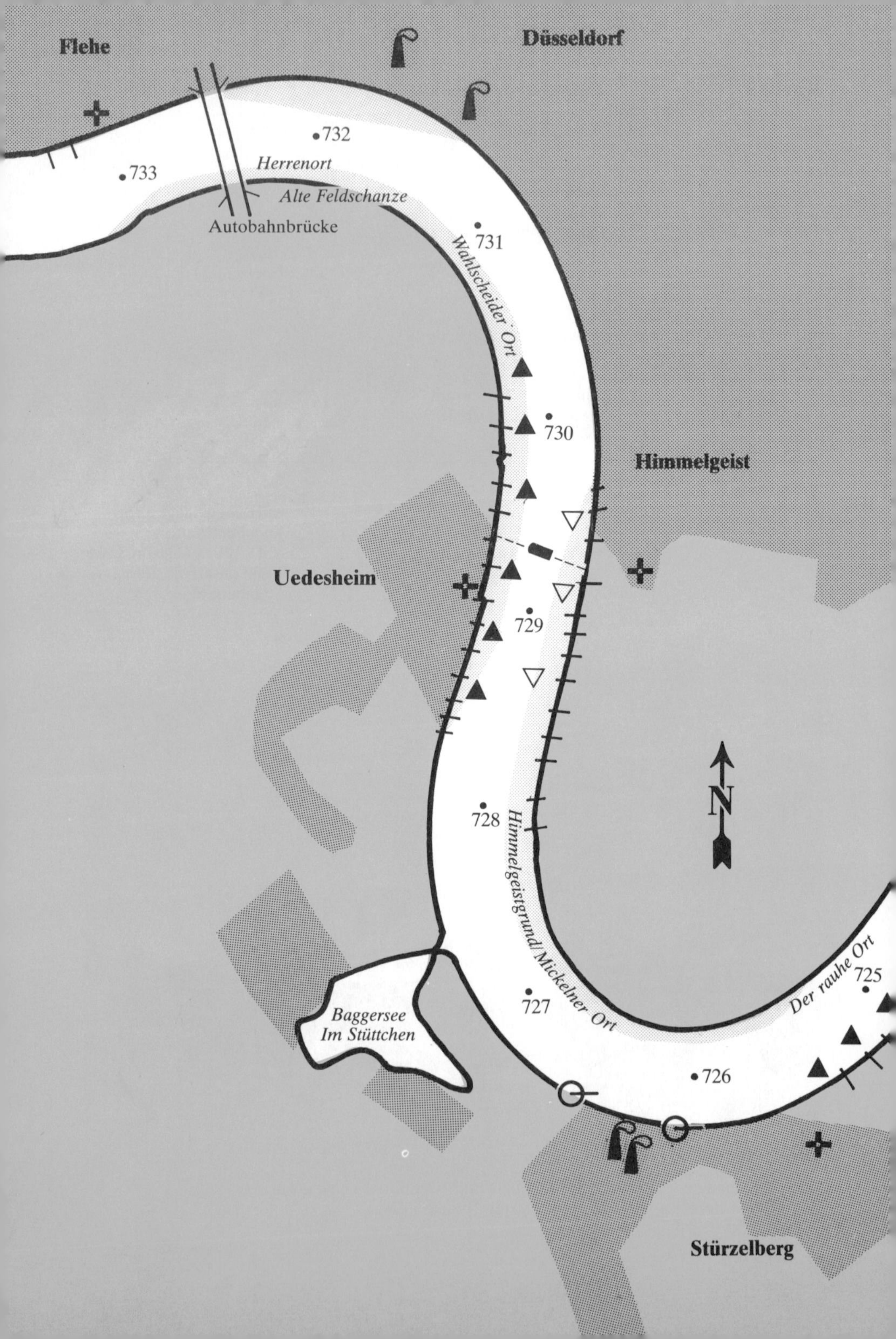
Flehe
Düsseldorf
732
733
Herrenort
Alte Feldschanze
Autobahnbrücke
731
Wahlscheider Ort
730
Himmelgeist
Uedesheim
729
N
728
Himmelgeistgrund/Mickelner Ort
Der rauhe Ort
725
727
Baggersee
Im Stüttchen
726
Stürzelberg

km	Ufer-Seite	Beschreibung	Hinweise	
725,20	LU	Rampe		
725,20	RU	Rampe		
725,70	LU	**Stürzelberg**		
726,04–726,90	LU	Umschlagplatz		
727,30	LU	Einmündung Baggersee	Einfahrt verboten	
729,32	LU	Pegel		
729,35	–	Fähre Uedesheim–Himmelgeist		
729,35	LU	**Uedesheim**		
729,60	RU	**Himmelgeist**		
731,12	RU	Pegel		
732,45	–	Autobahnbrücke Flehe	Durchfahrten	1
			Höhe über HSW	9,10 m
732,50	RU	**Flehe**		

Düsseldorf: Hafen

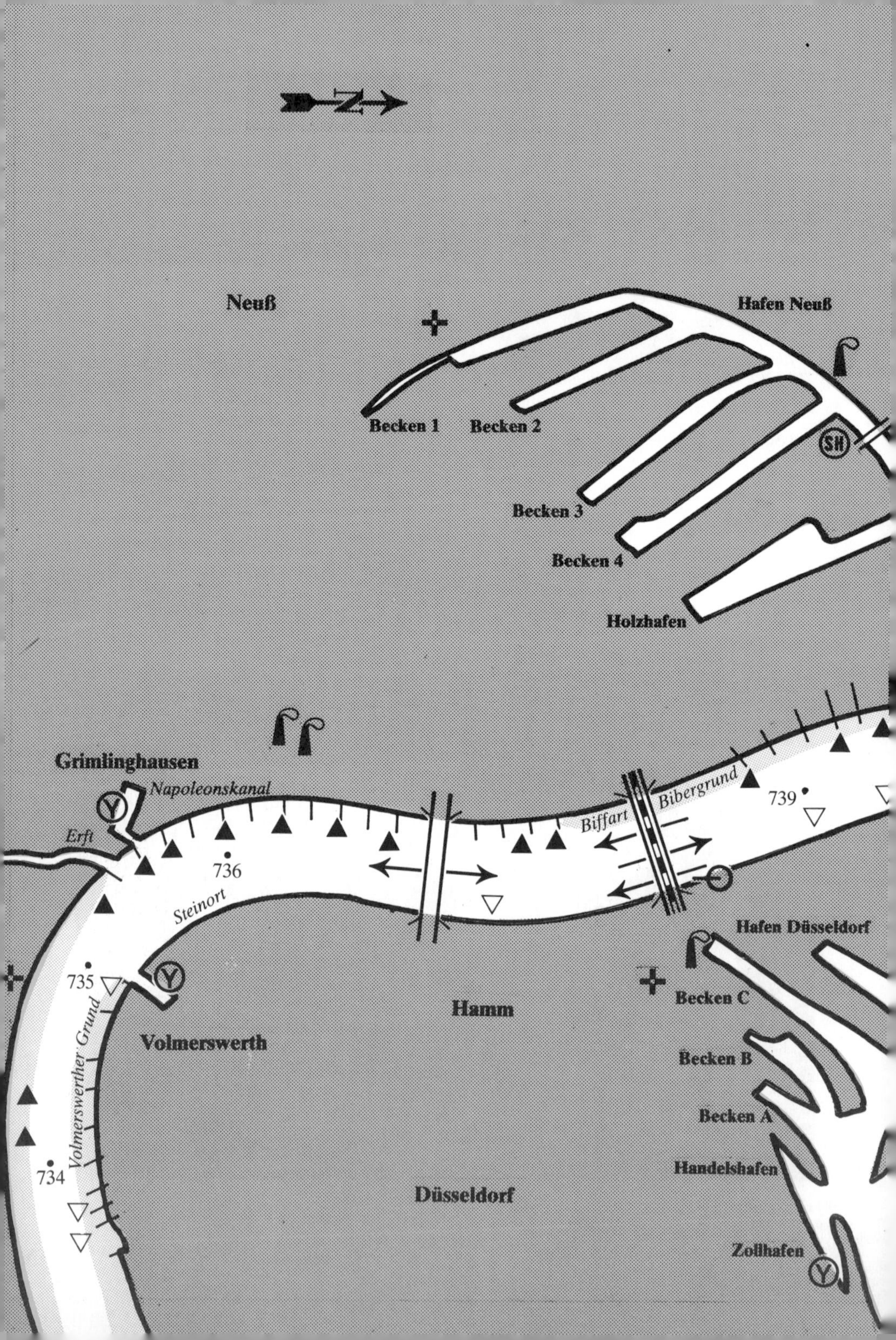

Z
Neuß
Hafen Neuß
Becken 1
Becken 2
SH
Becken 3
Becken 4
Holzhafen
Grimlinghausen
Napoleonskanal
Erft
736
Steinort
Biffart
Bibergrund
739
Hafen Düsseldorf
735
Volmerswerther Grund
Becken C
Hamm
Volmerswerth
Becken B
Becken A
Handelshafen
734
Düsseldorf
Zollhafen

km	Ufer-Seite	Beschreibung	Hinweise	
733,30	RU	**Volmerswerth**		
735,00	LU	**Grimlinghausen**		
735,20	LU	Pegel		
735,57	LU	Einmündung Erft		
737,10	–	Straßenbrücke Südbrücke	Durchfahrten Höhe über HSW	1 9,10 m
737,60	RU	Pegel		
738,00	RU	**Hamm**		
738,23	–	Eisenbahnbrücke Düsseldorf–Neuss	Durchfahrten Höhe über HSW	3 9,10 m

Yachthäfen

735,00	RU	**Düsseldorfer Segler-Verein e. V.**	ASH: Sporthafen Volmerswerth. Hafen von Unterstrom dicht unter Land anfahren. Wahrschau: Sandbank. Angaben: Seite 137
735,60	LU	**Neusser Wassersportverein e. V.**	ASH: Neusser Sporthafen Angaben: Seite 138
735,60	LU	**Neusser Kanu-Club e. V.**	ASH: Neusser Sporthafen Angaben: Seite 139
735,60	LU	**Yacht-Club Novesia e. V.**	ASH: Neusser Sporthafen Angaben: Seite 140

Düsseldorf: Yachthafen

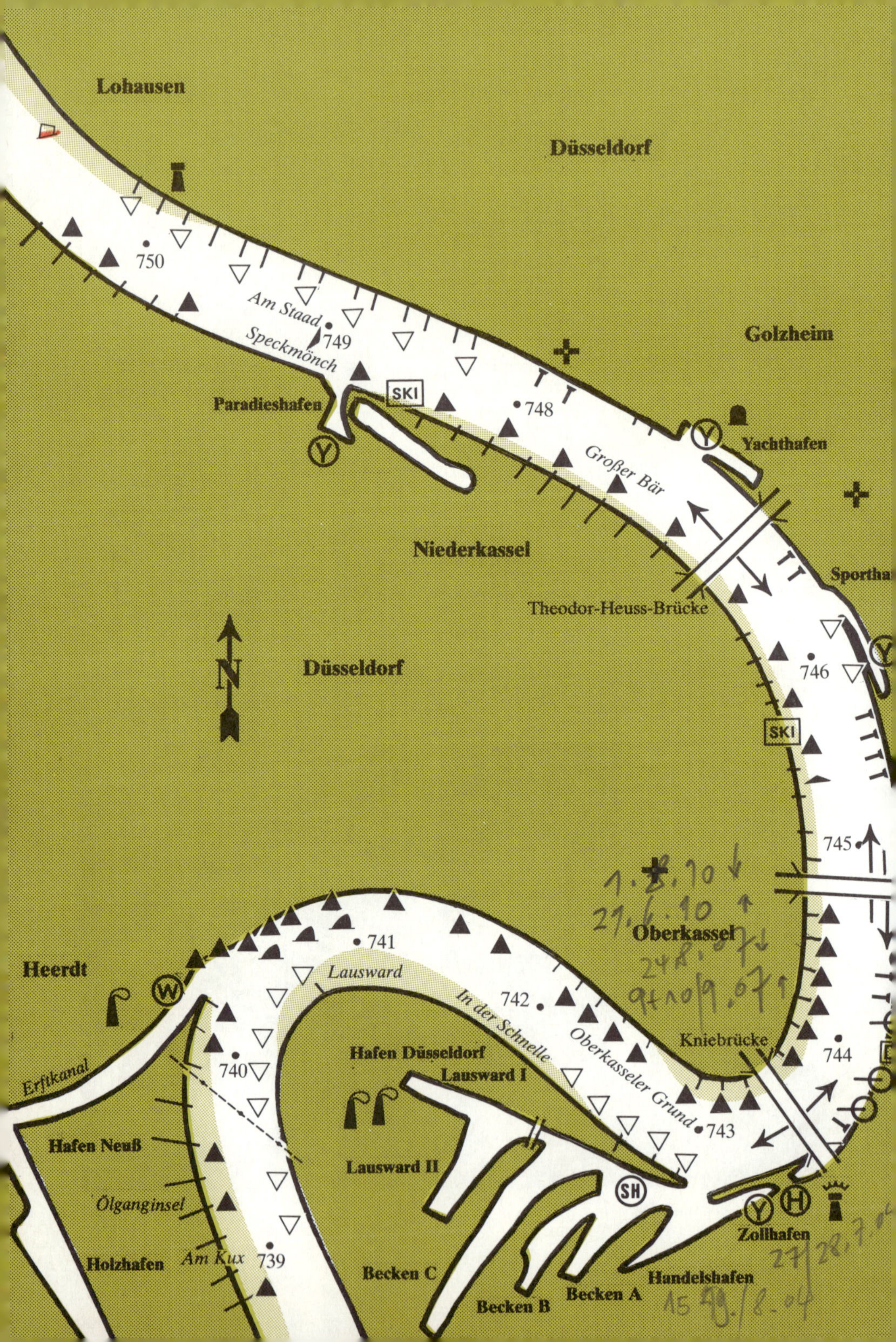
Lohausen
Düsseldorf
750
Am Staad
749
Speckmönch
Paradieshafen
SKI
748
Golzheim
Yachthafen
Großer Bär
Niederkassel
Theodor-Heuss-Brücke
Sporthafen
N
Düsseldorf
746
SKI
745
Oberkassel
741
Heerdt
Lausward
742
In der Schnelle
Oberkasseler Grund
Kniebrücke
744
Hafen Düsseldorf
Lausward I
740
Erftkanal
743
Hafen Neuß
Lausward II
SH
Ölganginsel
Zollhafen
Holzhafen
Am Kux
739
Becken C
Handelshafen
Becken B
Becken A

km	Ufer-Seite	Beschreibung	Hinweise	
740,20	LU	Einmündung Erftkanal und Neusser Hafen	Einfahrt Neusser Hafen	
740,25–740,50	LU	Stromhafen Heerdt		
740,40	LU	**Heerdt**		
743,10	RU	Hafen Düsseldorf		
743,57	–	Straßenbrücke Kniebrücke	Durchfahrten Höhe über HSW	1 9,10 m
744,20	RU	**Düsseldorf**		
744,51	RU	Pegel Düsseldorf		
744,60	LU	**Oberkassel**		
744,84	–	Straßenbrücke Düsseldorf–Oberkassel	Durchfahrten Höhe über HSW	1 9,10 m
746,50	LU	**Niederkassel**		
746,50	RU	**Golzheim**		
746,70	–	Straßenbrücke Theodor-Heuss-Brücke	Durchfahrten Höhe über HSW	1 9,10 m
748,02	RU	Pegel		
748,10	RU	Schnellenburg		
749,60	RU	**Lohausen**		
749,65	LU	Pegel		

Yachthäfen

743,10	RU	**Marina Düsseldorf**	ASH: Zollhafen Angaben: Seite 141
746,15	RU	**Kanu-Club „Jan Wellem" e. V.**	ASH: Sporthafen Angaben: Seite 142
747,20	RU	**W.S.V. „Rheinwacht" e. V.**	ASH: Yachthafen Angaben: Seite 143
747,20	RU	**Düsseldorfer Yachtclub e. V.**	ASH: Yachthafen Angaben: Seite 144
747,20	RU	**Wasser-Sport-Verein Düsseldorf 1893 e. V.**	ASH: Yachthafen Angaben: Seite 145
747,20	RU	**Yachtclub Niederrhein e. V.**	ASH: Yachthafen Angaben: Seite 146
748,80	LU	**Motor-Yacht-Club Düsseldorf e. V.**	ASH: Paradieshafen Angaben: Seite 147
748,80	LU	**Kanu- und Yacht-Club Düsseldorf e. V.**	ASH: Paradieshafen Angaben: Seite 148
748,80	LU	**Yacht-Club Graf Spee e. V.**	ASH: Paradieshafen Angaben: Seite 149
748,80	LU	**Yachtclub Lörick e. V.**	ASH: Paradieshafen Angaben: Seite 150

Bunkerstation

743,10	RU	**Diesel**–Bunkerboot	Düsseldorfer Hafen

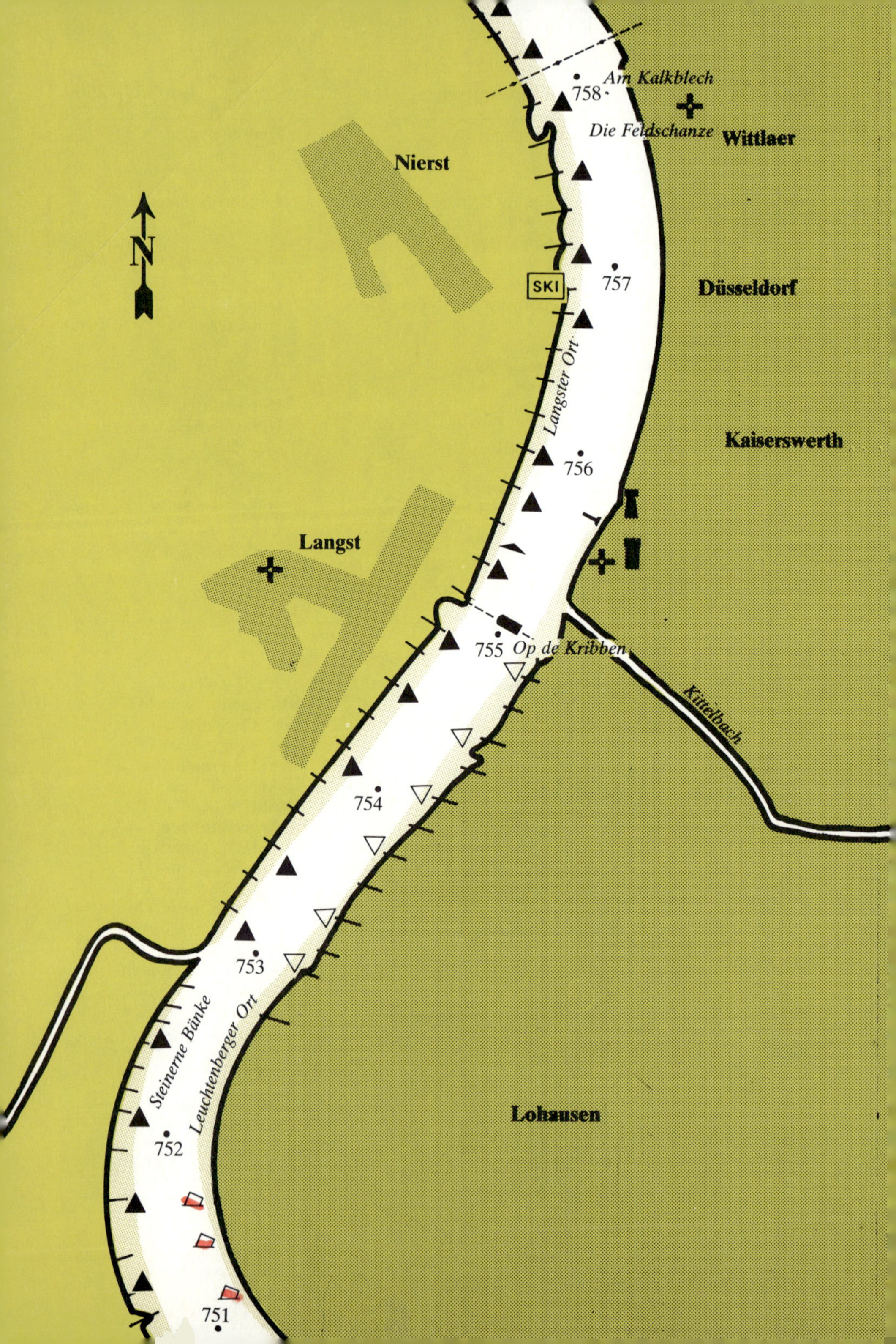

Am Kalkblech
758
Die Feldschanze
Wittlaer
Nierst
N
SKI
757
Düsseldorf
Langster Ort
Kaiserswerth
756
Langst
755
Op de Kribben
Kittelbach
754
753
Steinerne Bänke
Leuchtenberger Ort
752
Lohausen
751

km	Ufer-Seite	Beschreibung	Hinweise
749,60	RU	**Lohausen**	
751,02	LU	Pegel	
752,90	LU	Pegel	
753,60	LU	**Ilverich**	
754,40	LU	**Langst**	
755,12	–	Fähre Kaiserswerth – Langst	
755,35	RU	Einmündung Kittelbach	
755,68	RU	Pegel	
755,70	RU	**Kaiserswerth**	
755,95	RU	Pegel	
757,00	LU	**Nierst**	
757,70	RU	**Wittlaer**	
758,05	RU	Pegel	

Ruhrort: Rheinfront

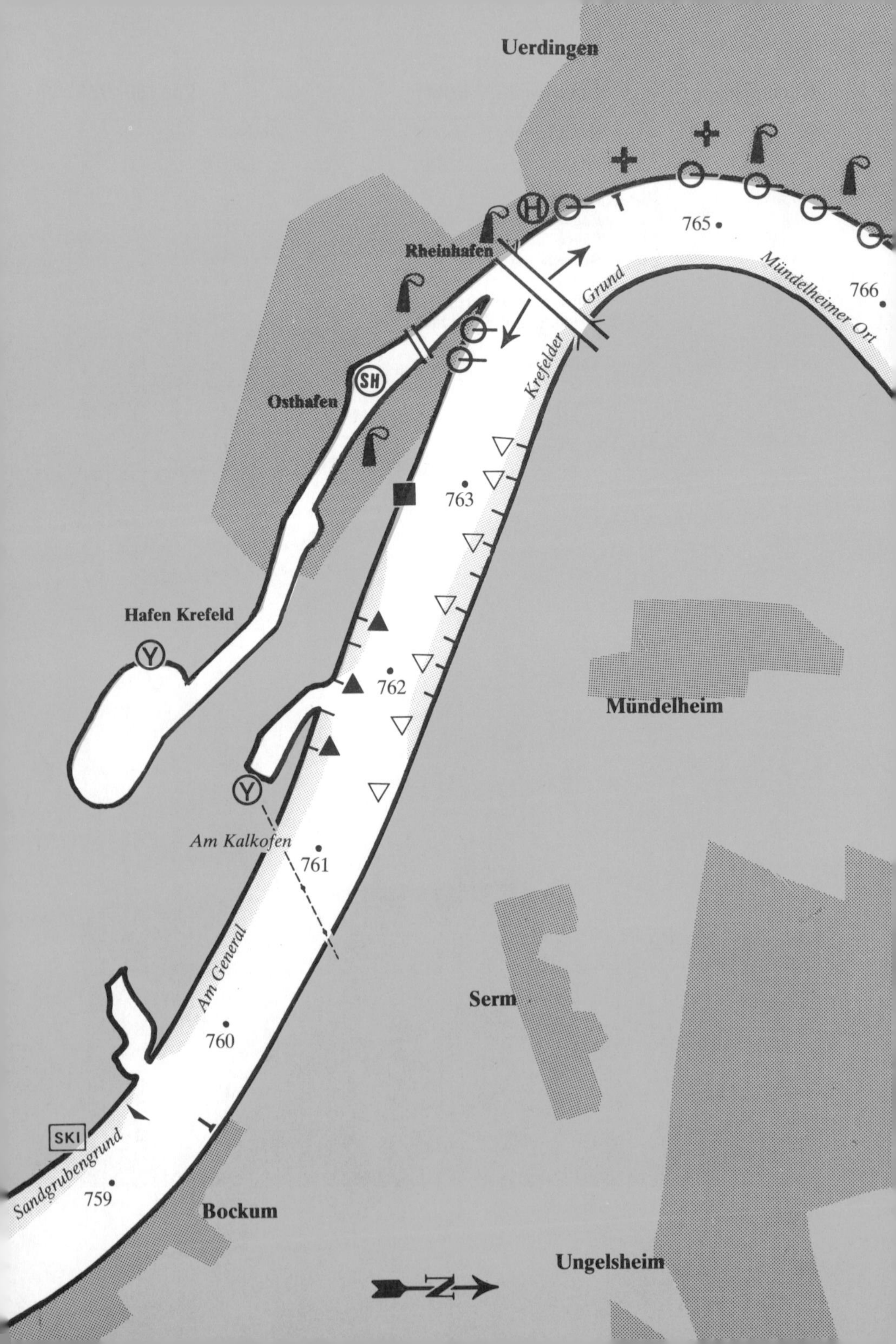

Uerdingen
Rheinhafen
765
766
Grund
Mündelheimer Ort
Krefelder
Osthafen
SH
763
Hafen Krefeld
762
Mündelheim
Am Kalkofen
761
Am General
Serm
760
SKI
Sandgrubengrund
759
Bockum
Ungelsheim
Z

km	Ufer-Seite	Beschreibung	Hinweise
758,50	RU	**Bockum**	
759,68	RU	Pegel	
760,50	RU	**Serm**	
762,10–766,30	LU	Stromhafen Krefeld	
762,20	RU	**Mündelheim**	
763,48	LU	Pegel	
764,04	–	Straßenbrücke Uerdingen–Mündelheim	Durchfahrten 1 Höhe über HSW 9,10 m
764,06	LU	Hafen Krefeld	Einfahrt zum Rhein- und Osthafen nur von unterhalb Straßenbrücke Uerdingen–Mündelheim.
764,70	LU	**Uerdingen**	

Yachthäfen

761,75	LU	**Crefelder Yacht-Club e. V. 1967**	ASH: Yachthafen Angaben: Seite 151
763,90	LU	**Krefelder Seglervereinigung 33 e. V.**	ASH: Hafen Krefeld Angaben: Seite 152

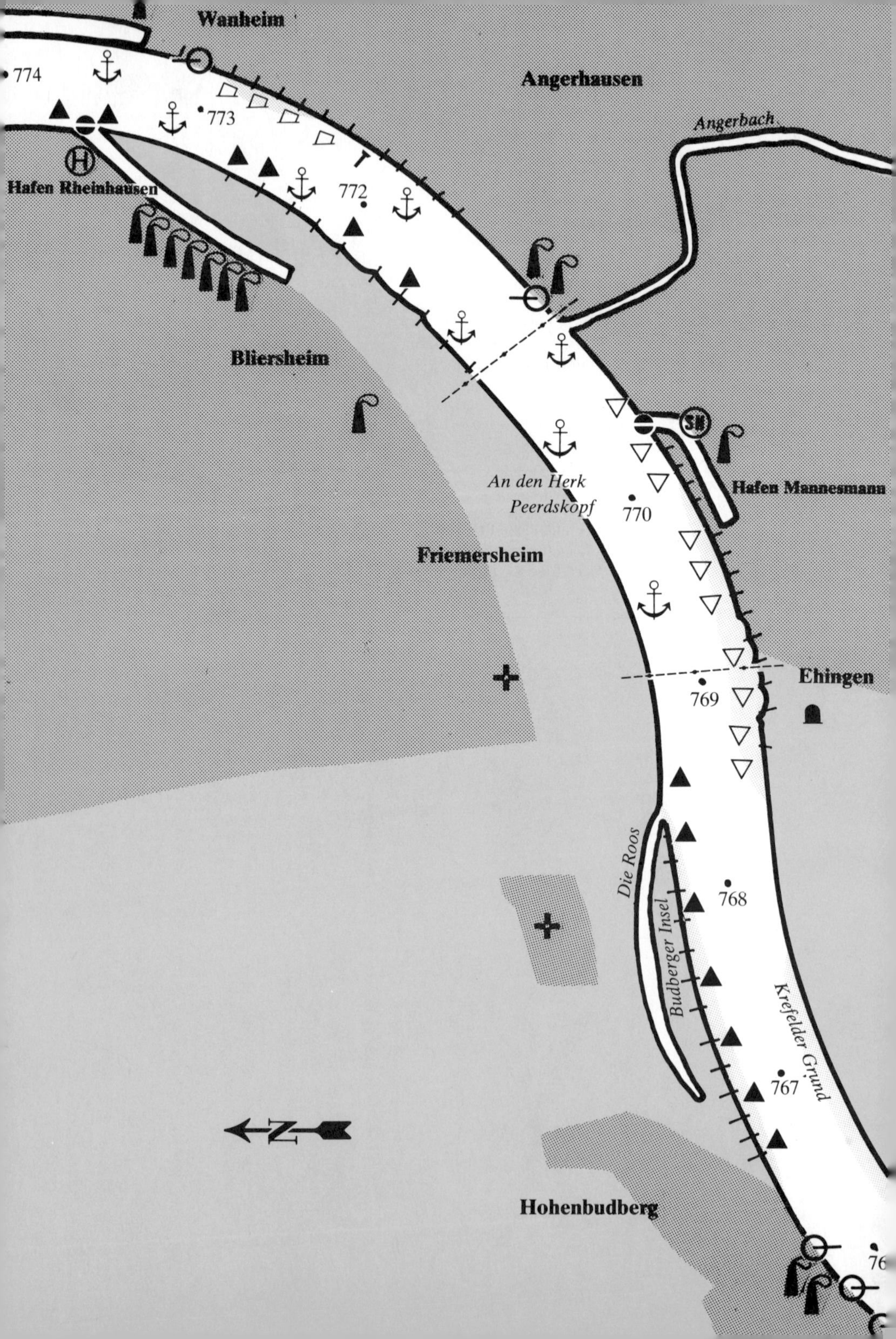

Wanheim
774
773
Angerhausen
Angerbach
Hafen Rheinhausen
772
Bliersheim
An den Herk
Peerdskopf
770
Hafen Mannesmann
Friemersheim
Ehingen
769
Die Roos
Budberger Insel
768
Krefelder Grund
767
Hohenbudberg

km	Ufer-Seite	Beschreibung	Hinweise
		Fahrhinweis: Zwischen km 769,00 und km 857,68 geregelter Rechtsverkehr. Wahrschau beim Befahren der Duisburger Reede. Starker Durchgangsverkehr, Wendemanöver und Querverkehr. Auf der gesamten Strecke sind Schiffsliegeplätze eingerichtet. Auf Reeden müssen Schleppverbände mit nur einem Anhang nicht mit Zylinder und Ball gekennzeichnet sein.	
766,30–762,10	LU	Stromhafen Krefeld	
766,60	LU	**Hohenbudberg**	
769,00	RU	**Ehingen**	
769,30–794,55	–	Reede Duisburg-Ruhrort	
769,40	LU	**Friemersheim**	
769,40–769,70	LU	Schiffsliegeplatz	Für Fahrzeuge mit drei blauen Kegeln.
769,80–770,00	LU	Schiffsliegeplatz	Für Fahrzeuge mit zwei blauen Kegeln.
770,10–770,70	LU	Schiffsliegeplatz Friemersheim	Für Schubschiffahrt.
770,30	RU	Hafen	
770,38	RU	Pegel	
770,70–772,30	LU	Schiffsliegeplatz Friemersheim	
770,70–771,60	RU	Schiffsliegeplatz Rheinlust	
770,95–771,30	RU	Stromhafen	
771,22	RU	Einmündung Angerbach	
771,60–772,10	RU	Schiffsliegeplatz Rheinlust	Für Fahrzeuge mit einem blauen Kegel.
771,80	LU	**Bliersheim**	
771,80	RU	**Angerhausen**	
772,30–772,70	LU	Schiffsliegeplatz Friemersheim	Für Schubschiffahrt mit einem blauen Kegel.
772,40–772,90	RU	Schiffsliegeplatz Rheinlust	Für Fahrzeuge mit einem blauen Kegel.
772,70–773,20	LU	Schiffsliegeplatz Friemersheim	Für Schubschiffahrt
773,00	RU	**Wanheim**	
773,10	RU	Umschlagplatz	
773,30–774,00	RU	Schiffsliegeplatz Hochfelder Längskribbe	
773,55	LU	Hafen Rheinhausen	
773,85–774,15	LU	Schiffsliegeplatz Rheinhausen	

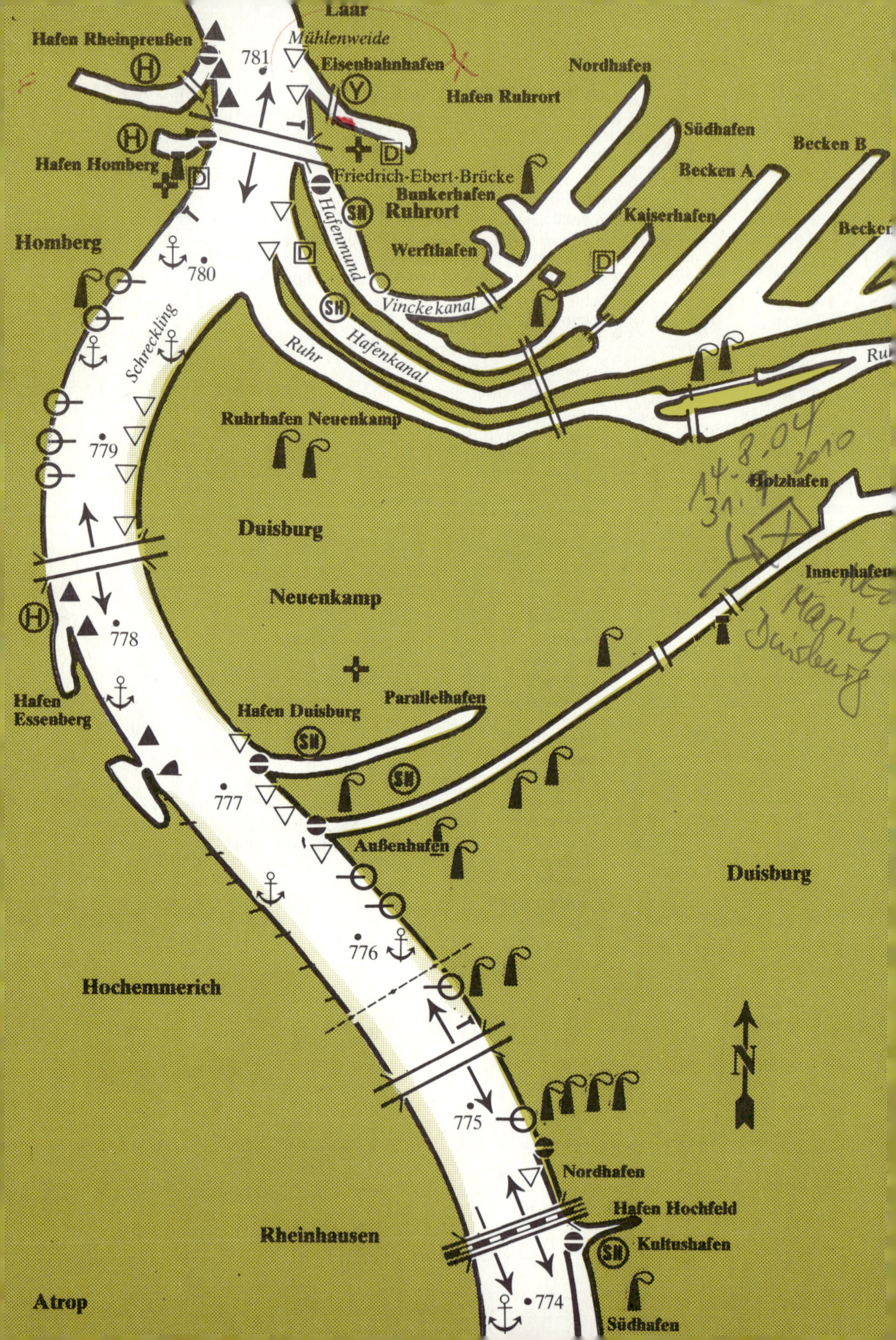

Laar
Mühlenweide
Hafen Rheinpreußen
781
Eisenbahnhafen
Nordhafen
Hafen Ruhrort
Südhafen
Becken B
Hafen Homberg
Friedrich-Ebert-Brücke
Becken A
Bunkerhafen
Ruhrort
Kaiserhafen
Homberg
Werfthafen
Hafenmund
780
Vinckekanal
Ruhr
Hafenkanal
Schreckling
Ruhrhafen Neuenkamp
779
Holzhafen
Duisburg
Innenhafen
Neuenkamp
778
Hafen Essenberg
Hafen Duisburg
Parallelhafen
777
Außenhafen
Duisburg
776
Hochemmerich
N
775
Nordhafen
Hafen Hochfeld
Rheinhausen
Kultushafen
Atrop
774
Südhafen

km	Ufer-Seite	Beschreibung	Hinweise	
		Fahrhinweis: Zwischen km 769,00 und km 857,68 geregelter Rechtsverkehr. Wahrschau beim Befahren der Duisburger Reede. Starker Durchgangsverkehr, Wendemanöver und Querverkehr. Auf der gesamten Strecke sind Schiffsliegeplätze eingerichtet. Auf Reeden müssen Schleppverbände mit nur einem Anhang nicht mit Zylinder und Ball gekennzeichnet sein.		
773,85–774,15	LU	Schiffsliegeplatz Rheinhausen		
774,00	LU	**Atrop**		
774,28	RU	Kultushafen		
774,38	–	Eisenbahnbrücke Rheinhausen–Duisburg	Durchfahrten Höhe über HSW	2 9,10 m
774,50	LU	**Rheinhausen**		
774,70	RU	Nordhafen		
775,10	RU	Stromhafen Thyssen		
774,70–776,50	RU	Schiffsliegeplatz Hochfeld		
775,29	–	Straßenbrücke Rheinhausen–Duisburg	Durchfahrten Höhe über HSW	1 9,10 m
775,30	RU	Orderstation	UKW 10 Telefon 0203/664071	
775,60–777,60	LU	Schiffsliegeplatz Hochemmerich		
775,66–776,49	RU	Stromhafen Kupferhütte		
775,70	RU	**Duisburg**		
776,00	LU	**Hochemmerich**		
776,70	RU	Hafen Duisburg		
777,20	RU	Parallelhafen Duisburg		
777,60–778,60	RU	Wendeplatz		
778,00	LU	Hafen Essenberg		
778,36	–	Straßenbrücke Duisburg-Neuenkamp	Durchfahrten Höhe über HSW	1 9,10 m
778,10–780,45	LU	Schiffsliegeplatz Homberg		
778,81–779,75	LU	Stromhafen Homberg		
779,28	LU	Pegel		
779,30–779,60	RU	Schiffsliegeplatz Schreckling		
779,60–780,10	RU	Wendeplatz		
780,10	RU	Einmündung Ruhr	Einfahrt für Sportboote nur mit Sondergenehmigung.	
780,40	RU	Einmündung Rhein-Herne-Kanal		

Hinweis:
Weiterfahrt im RHK siehe „West- und Norddeutsche Binnenwasserstraßen 1“, DSV-Verlag, Hamburg.

Ruhrort: Einfahrt Eisenbahnhafen

780,70	–	Straßenbrücke Friedrich-Ebert-Brücke	Durchfahrten 1 Höhe über HSW 9,10 m
780,80	RU	Einmündung Hafenmund und Hafen Ruhrort	Einfahrt für Sportboote nur mit Sondergenehmigung.
780,80	RU	Pegel Ruhrort	
780,80	LU	WSA-Hafen Homberg	
780,80	RU	**Ruhrort**	
780,80	LU	**Homberg**	
781,10	RU	Eisenbahnhafen	
781,10	LU	Hafen Rheinpreußen	
781,10	RU	**Laar**	

Yachthafen

781,10	RU	**Ruhrorter Yacht-Club e. V.**	ASH: Eisenbahnhafen Angaben: Seite 153

Bunkerstationen

780,50	LU	**Diesel** – Bunkerstation	Reede Homberg
781,10	RU	**Diesel** – Bunkerboot	Eisenbahnhafen

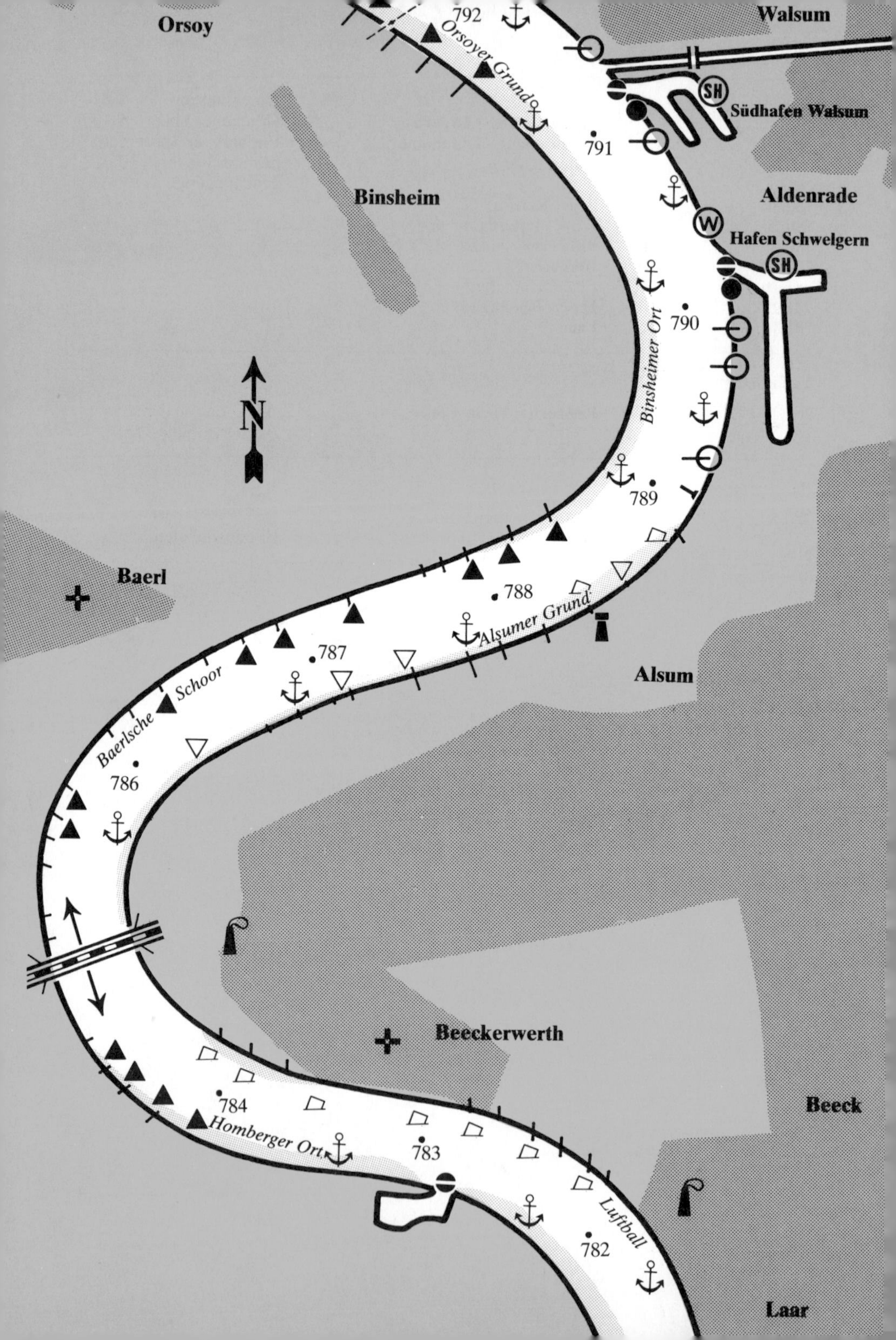
Orsoy
792
Walsum
Orsoyer Grund
Südhafen Walsum
791
Binsheim
Aldenrade
Hafen Schwelgern
790
Binsheimer Ort
N
789
Baerl
788
Alsumer Grund
787
Alsum
Baerlsche Schoor
786
Beeckerwerth
784
Homberger Ort
783
Beeck
Luftball
782
Laar

km	Ufer-Seite	Beschreibung	Hinweise
		Fahrhinweis: Zwischen km 769,00 und km 857,68 geregelter Rechtsverkehr. Wahrschau beim Befahren der Duisburger Reede. Starker Durchgangsverkehr, Wendemanöver und Querverkehr. Auf der gesamten Strecke sind Schiffsliegeplätze eingerichtet. Auf Reeden müssen Schleppverbände mit nur einem Anhang nicht mit Zylinder und Ball gekennzeichnet sein.	
781,34–783,40	RU	Schiffsliegeplatz Luftball	
781,70	RU	Pegel	
781,70	RU	**Laar**	
781,75–782,50	LU	Schiffsliegeplatz Homberger Ort	
782,00	RU	**Beeck**	
782,50–784,00	LU	Schiffsliegeplatz Homberger Ort	Für Schubschiffahrt
784,00–785,00	RU	Wendeplatz	
783,50	RU	**Beeckerwerth**	
785,02	–	Eisenbahnbrücke Duisburg–Baerl	Durchfahrten 1 Höhe über HSW 9,10 m
785,10–784,40	RU	Schiffsliegeplatz Baerler Brücke	Für Fahrzeuge mit einem blauen Kegel.
786,20	LU	**Baerl**	
786,50–787,60	RU	Schiffsliegeplatz Unterhalb Baerler Brücke	
787,60–788,00	RU	Schiffsliegeplatz	Für Schubschiffahrt mit einem blauen Kegel.
788,40	RU	**Alsum**	
788,50	LU	Rampe	
788,50	RU	Rampe	
788,70–789,10	RU	Schiffsliegeplatz Alsum	
788,90–792,25	LU	Schiffsliegeplatz Orsoy	Für Schubschiffahrt
790,20	RU	Hafen Schwelgern	
790,40	RU	Werft	
790,50–791,00	RU	Schiffsliegeplatz Walsum	
791,20	RU	Südhafen Walsum	
791,30	RU	Einmündung Emscher	
791,50	LU	**Binsheim**	
791,50–791,90	RU	Schiffsliegeplatz Walsum	
792,10	–	Fähre Walsum–Orsoy	

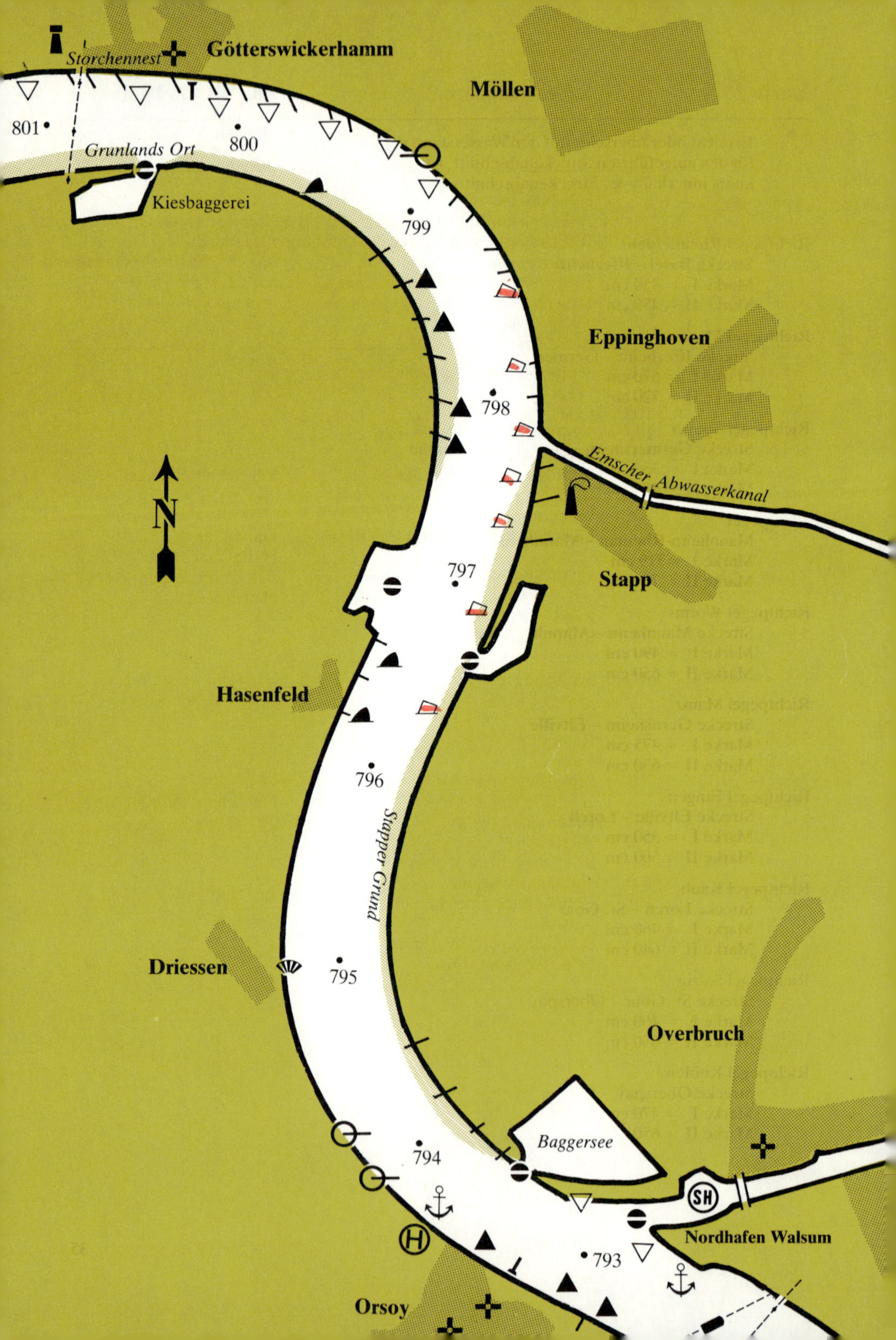
Götterswickerhamm
Storchennest
Möllen
801
800
Grunlands Ort
Kiesbaggerei
799
Eppinghoven
798
Emscher Abwasserkanal
N
797
Stapp
Hasenfeld
796
Stapper Grund
Driessen
795
Overbruch
794
Baggersee
SH
Nordhafen Walsum
793
Orsoy

km	Ufer-Seite	Beschreibung	Hinweise
		Fahrhinweis: Zwischen km 769,00 und km 857,68 geregelter Rechtsverkehr. Wahrschau beim Befahren der Duisburger Reede. Starker Durchgangsverkehr, Wendemanöver und Querverkehr. Auf der gesamten Strecke sind Schiffsliegeplätze eingerichtet. Auf Reeden müssen Schleppverbände mit nur einem Anhang nicht mit Zylinder und Ball gekennzeichnet sein.	
792,35–792,80	RU	Schiffsliegeplatz Walsum	
792,50	RU	**Walsum**	
792,90–793,20	LU	Schiffsliegeplatz Orsoy	
792,70	LU	Walsum Nordhafen	
793,00	RU	**Orsoy**	
793,10	RU	**Overbruch**	
793,67	RU	Einmündung Baggersee	Für Sportboote gesperrt.
793,80–794,55	LU	Stromhafen Orsoy	
794,55–769,30	–	Reede Duisburg-Ruhrort	
795,00	LU	Orientierungsfeuer	Grünes Licht
795,10	LU	**Driessen**	
796,30	LU	**Hasenfeld**	
796,62	RU	Einfahrt Kiesbaggerei	Für Sportboote gesperrt.
796,85	LU	Einfahrt Kiesbaggerei	Für Sportboote gesperrt.
797,60	RU	**Stapp**	
797,70	RU	Einmündung Emscher Abwasserkanal	
798,30	RU	**Eppinghoven**	
799,14	RU	Umschlagplatz	
800,20	RU	**Götterswickerhamm**	
800,20	RU	Orderstation Götterswickerhamm	UKW 10 Telefon 0 28 55 / 22 35
800,50	LU	Einfahrt Kiesbaggerei	Für Sportboote gesperrt.

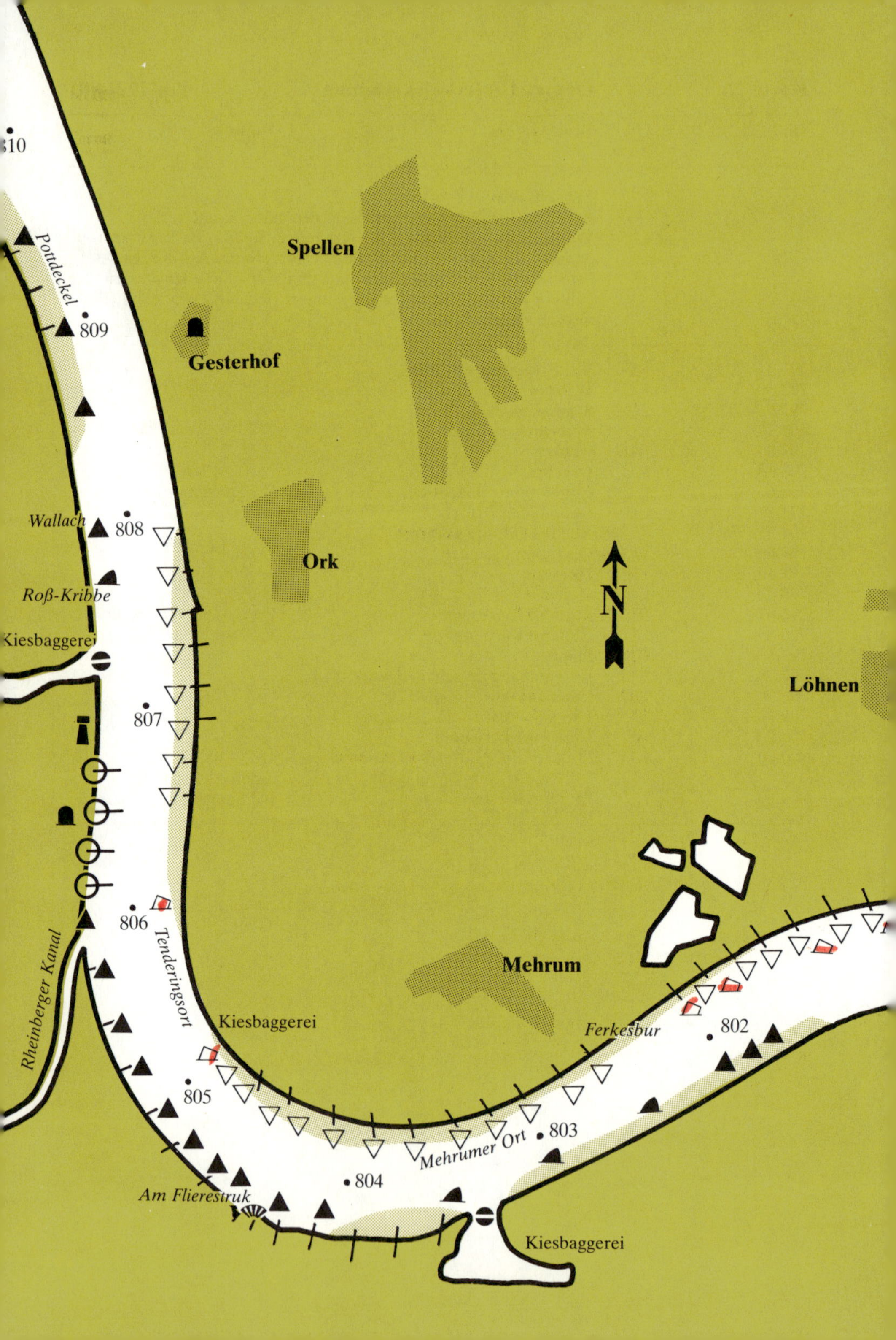

810
Pottdeckel
809
Spellen
Gesterhof
Wallach
808
Roß-Kribbe
Ork
N
Kiesbaggerei
807
Löhnen
806
Tenderingsort
Rheinberger Kanal
Mehrum
Kiesbaggerei
Ferkesbur
802
805
803
Mehrumer Ort
804
Am Flierestruk
Kiesbaggerei

km	Ufer-Seite	Beschreibung	Hinweise
		Fahrhinweis: Zwischen km 769,00 und km 857,68 geregelter Rechtsverkehr.	
802,30	LU	Rampe	
802,40	RU	Rampe	
803,00	RU	**Mehrum**	
803,45	LU	Einfahrt Kiesbaggerei	Für Sportboote gesperrt.
804,30	LU	Orientierungsfeuer	Grünes Licht
805,90	LU	Einmündung Rheinberger Kanal	
806,33–807,23	LU	Stromhafen Ossenberg	
807,25	LU	Einfahrt Kiesbaggerei	Für Sportboote gesperrt.
807,60	RU	**Ork**	
808,95	RU	**Gesterhof**	
809,00	RU	**Spellen**	

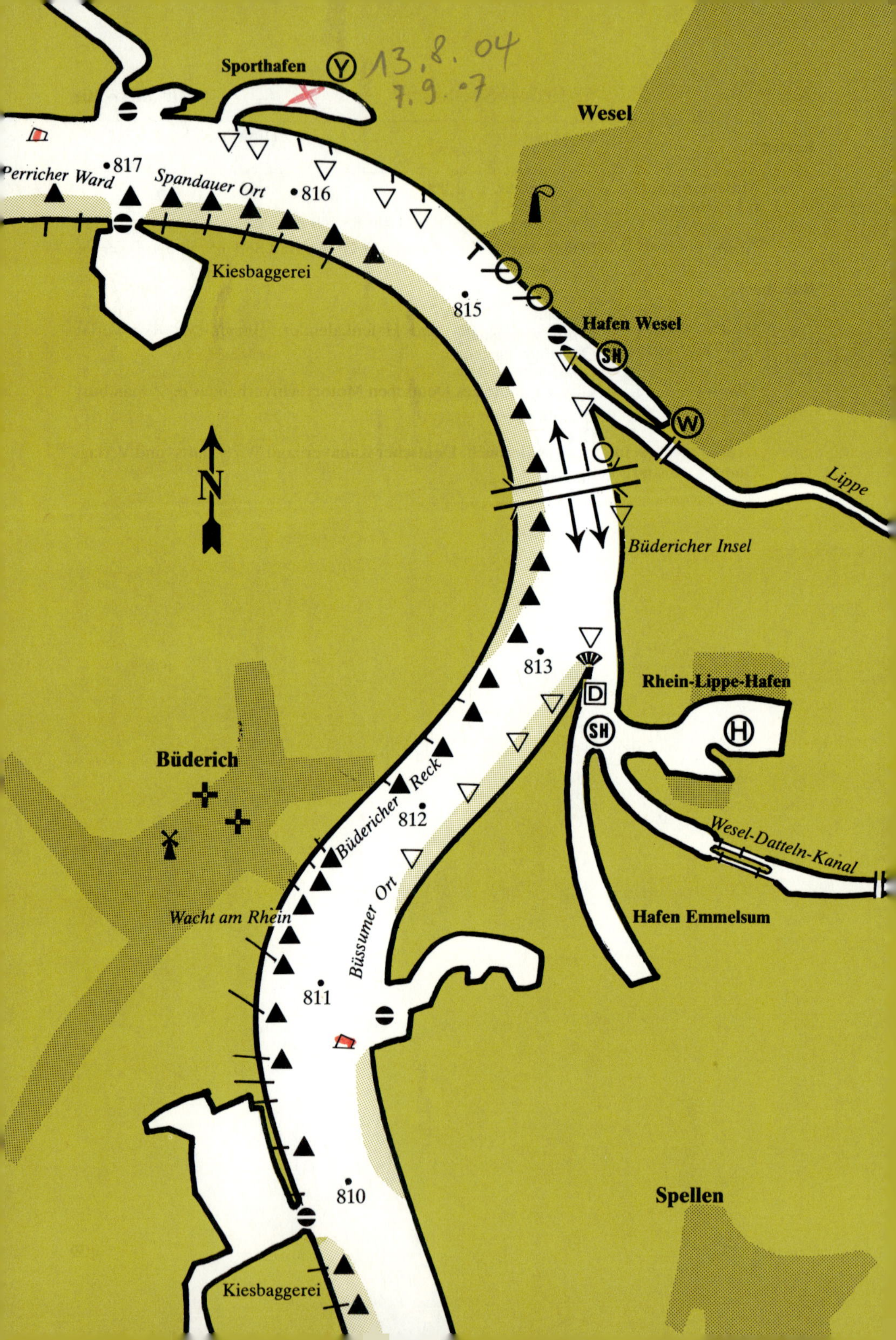

Sporthafen
13.8.04
7.9.07
Wesel
Perricher Ward
817
Spandauer Ort
816
Kiesbaggerei
815
Hafen Wesel
SH
W
N
Lippe
Büdericher Insel
813
Rhein-Lippe-Hafen
D
SH
H
Büderich
Büdericher Reck
812
Wesel-Datteln-Kanal
Wacht am Rhein
Büssumer Ort
Hafen Emmelsum
811
810
Spellen
Kiesbaggerei

km	Ufer-Seite	Beschreibung	Hinweise
		Fahrhinweis: Zwischen km 796,00 und km 857,68 geregelter Rechtsverkehr.	
809,00	RU	**Spellen**	
809,90	LU	Einfahrt Kiesbaggerei	Für Sportboote gesperrt.
811,30	LU	**Büderich**	
811,87	RU	Einfahrt Kiesbaggerei	Für Sportboote gesperrt.
813,18	RU	Orientierungsfeuer	Rotes Licht
813,20	RU	Einmündung Wesel-Datteln-Kanal	
		Hinweis: Weiterfahrt im WDK in „West- und Norddeutsche Binnenwasserstraßen 1", DSV-Verlag, Hamburg.	
813,20	RU	Hafen Emmelsum	
813,20	RU	Rhein-Lippe-Hafen	
813,50	RU	Rampe	
813,60	RU	Rampe	
813,85	–	Straßenbrücke Wesel–Büderich	Durchfahrten 2 Höhe über HSW 9,10 m
814,00	RU	**Wesel**	
814,05	RU	Pegel Wesel	
814,45	RU	Einmündung Lippe	
814,50–815,10	RU	Stromhafen Wesel	
814,65	RU	Hafen Wesel	
814,65	RU	Werft	Im Hafen Wesel.
816,90	RU	Einfahrt Kiesbaggerei	Für Sportboote gesperrt.
817,00	RU	Einfahrt Kiesbaggerei	Für Sportboote gesperrt.
Yachthäfen			
816,50	RU	**Yachtabteilung Ruder- und Tennisgesellschaft Wesel e. V.**	ASH: Sporthafen Wesel Angaben: Seite 154
816,50	RU	**Yachtclub Wesel e. V.**	ASH: Sporthafen Wesel Angaben: Seite 155
Bunkerstation			
813,20	RU	**Diesel** – Bunkerboot	Einfahrt Wesel-Datteln-Kanal

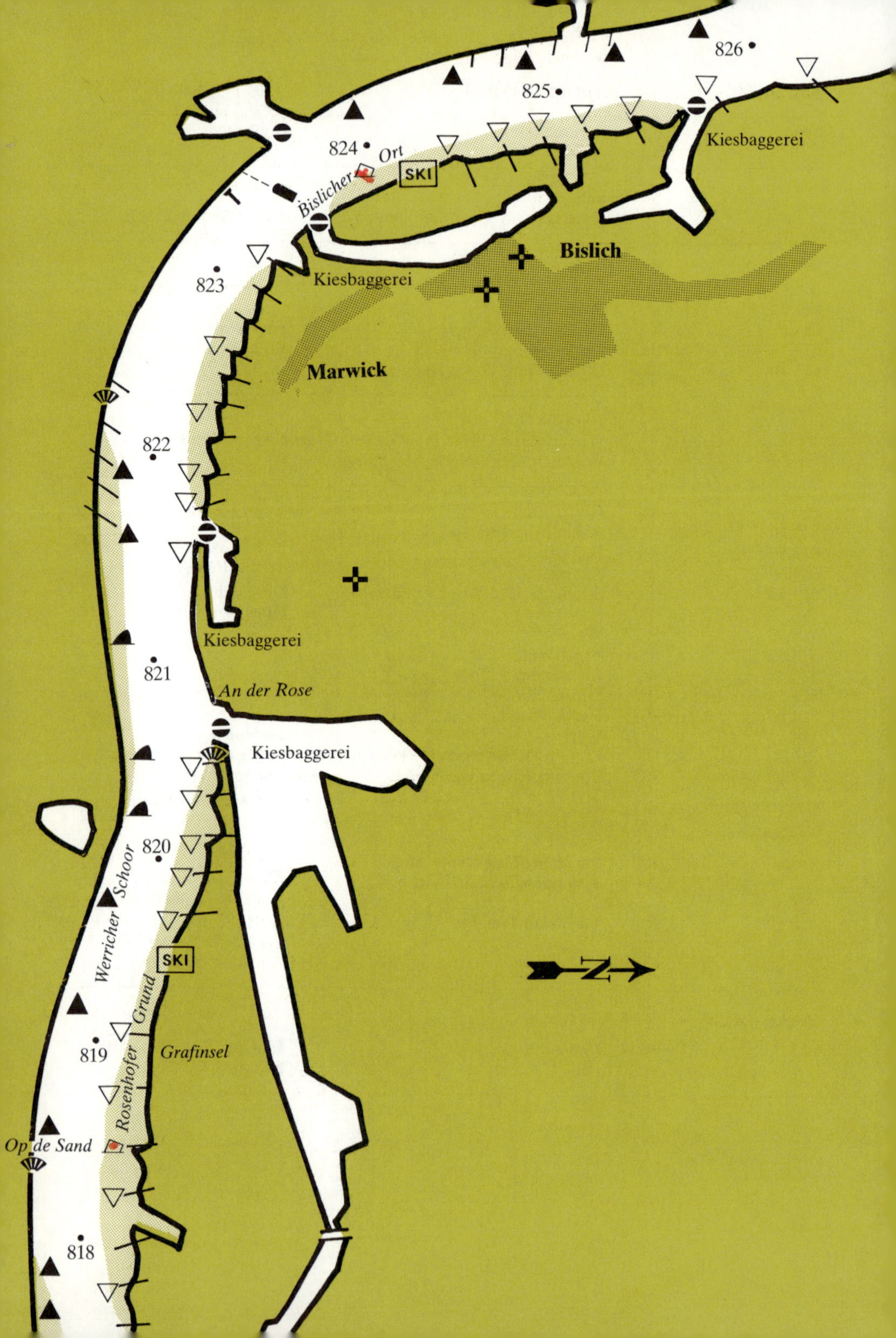

826
825
824
Ort
Bislicher
SKI
Kiesbaggerei
Bislich
823
Kiesbaggerei
Marwick
822
Kiesbaggerei
821
An der Rose
Kiesbaggerei
820
Werricher Schoor
SKI
Z
Rosenhofer Grund
819
Grafinsel
Op de Sand
818

km	Ufer-Seite	Beschreibung	Hinweise
		Fahrhinweis: Zwischen km 769,00 und km 857,68 geregelter Rechtsverkehr.	
818,00	LU	Rampe	
818,00	RU	Rampe	
818,45	LU	Orientierungsfeuer	Grünes Licht
820,50	RU	Orientierungsfeuer	RotesLicht
820,70	RU	Einfahrt Kiesbaggerei	Für Sportboote gesperrt.
822,20	LU	Kiesverladeplatz	
822,50	RU	**Marwick**	
822,25	LU	Orientierungsfeuer	Grünes Licht
822,80	LU	Orderstation Xanten	UKW 10 Telefon 02801/1238, 1538 (abends 1545)
823,30	RU	Einfahrt Kiesbaggerei	Für Sportboote gesperrt.
823,35	RU	**Bislich**	
823,35	–	Fähre Bislich–Xanten	
823,62	LU	Einfahrt Kiesbaggerei	Für Sportboote gesperrt.
825,90	RU	Einfahrt Kiesbaggerei	Für Sportboote gesperrt.

Rees: Mahnesee

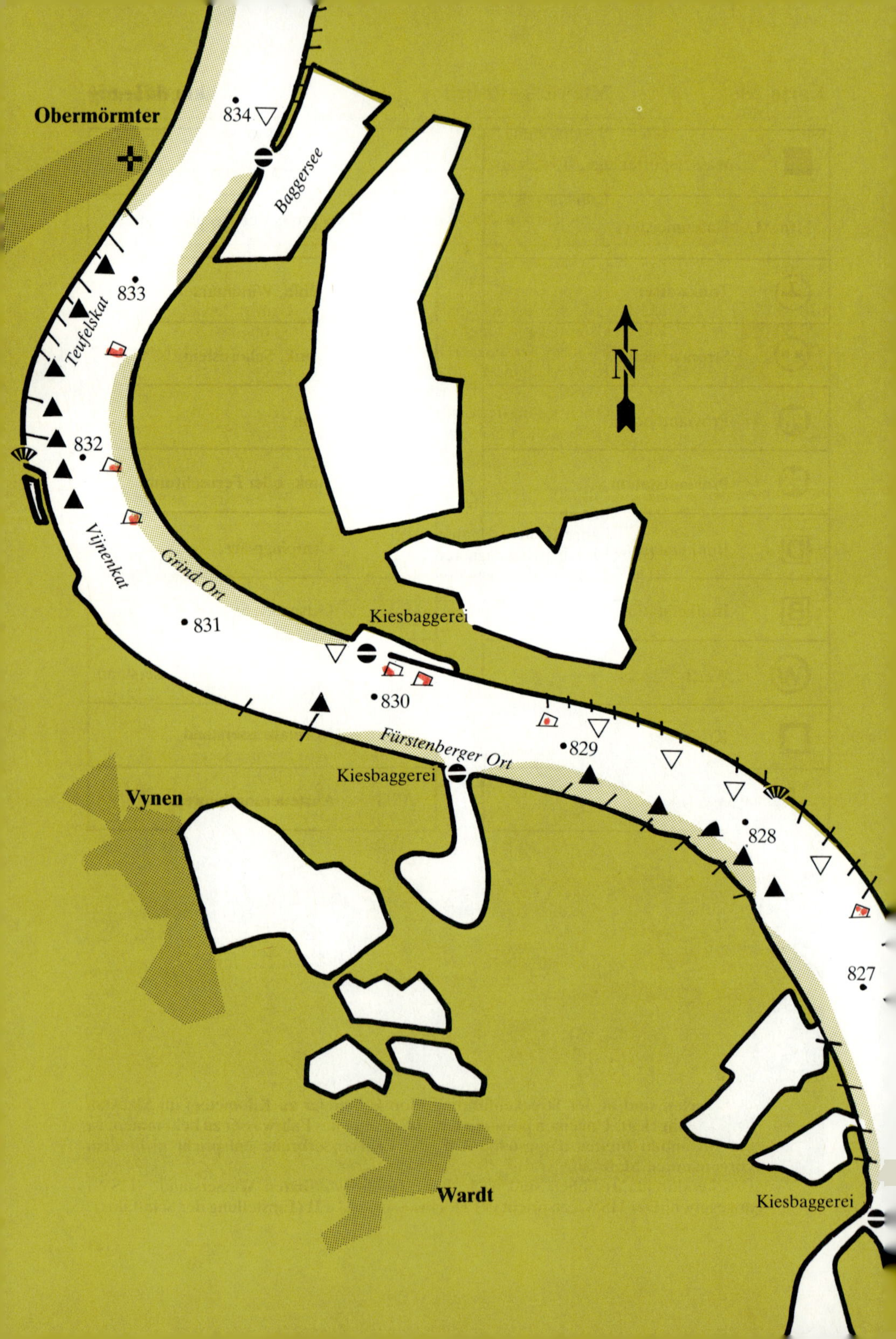

Obermörmter
834
Baggersee
833
Teufelskat
832
Vijnenkat
Grind Ort
831
Kiesbaggerei
830
Fürstenberger Ort
829
Kiesbaggerei
Vynen
828
827
Wardt
Kiesbaggerei
N

km	Ufer-Seite	Beschreibung	Hinweise
		Fahrhinweis: Zwischen km 769,00 und km 857,68 geregelter Rechtsverkehr.	
826,85	LU	Einfahrt Kiesbaggerei	Für Sportboote gesperrt.
828,00	RU	Orientierungsfeuer	Rotes Licht
829,50	LU	Einfahrt Kiesbaggerei	Für Sportboote gesperrt.
830,15	RU	Einfahrt Kiesbaggerei	Für Sportboote gesperrt.
830,70	LU	**Vynen**	
832,00	LU	Orientierungsfeuer	Grünes Licht
833,75	RU	Einfahrt Kiesbaggerei	Für Sportboote gesperrt.
833,80	LU	**Obermörmter**	

Kalkar: Stein des Anstoßes, Kraftwerk Kalkar

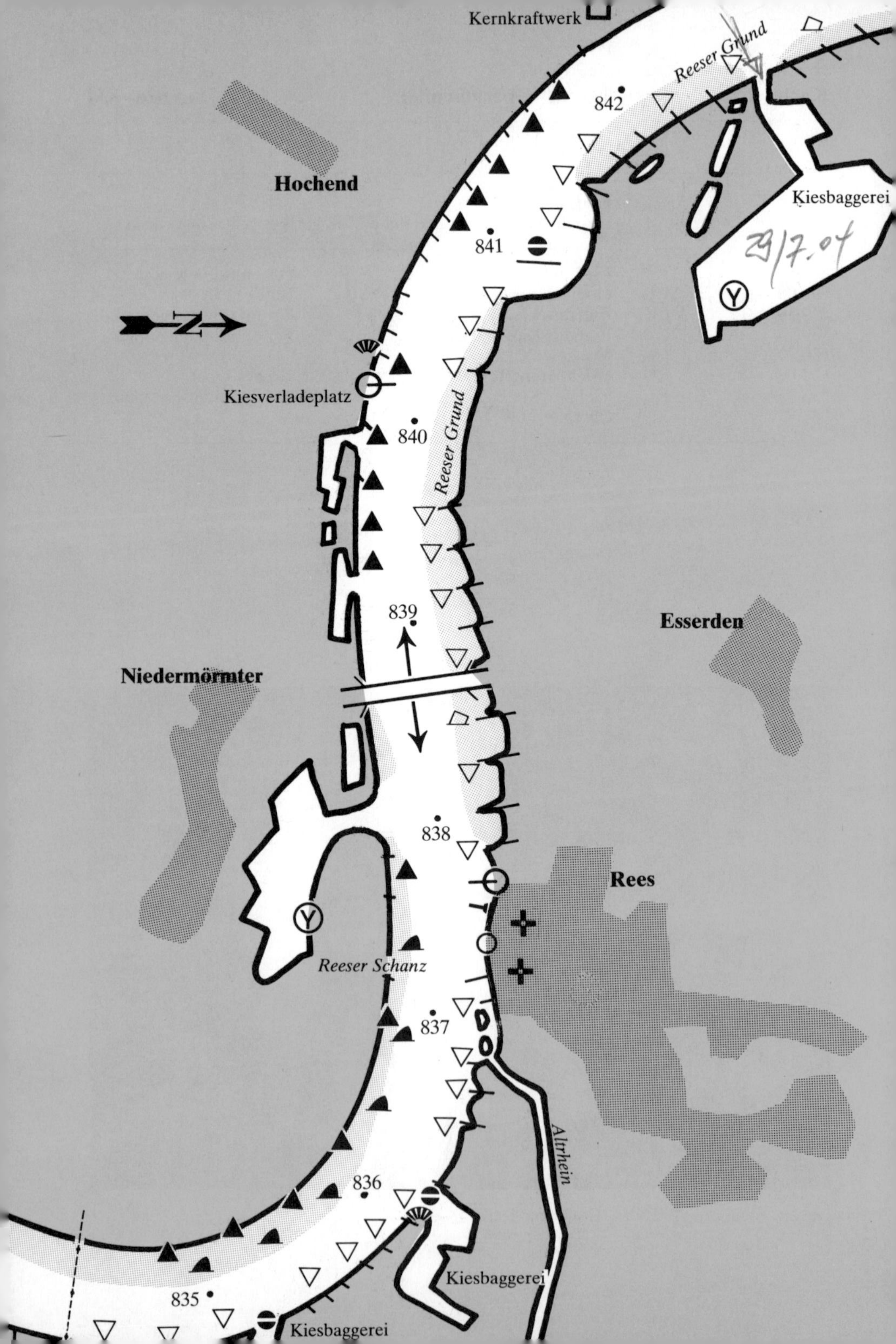

Kernkraftwerk
Reeser Grund
842
Hochend
Kiesbaggerei
841
29/7.04
Z
Kiesverladeplatz
840
Reeser Grund
839
Esserden
Niedermörmter
838
Rees
Reeser Schanz
837
Altrhein
836
Kiesbaggerei
835
Kiesbaggerei

km	Ufer-Seite	Beschreibung	Hinweise
		Fahrhinweis: Zwischen km 769,00 und km 857,68 geregelter Rechtsverkehr.	
834,65	RU	Orientierungsfeuer	Rotes Licht
836,01	RU	Orientierungsfeuer	Rotes Licht
835,25	RU	Einmündung Kiesbaggerei	Für Sportboote gesperrt.
836,20	RU	Einmündung Kiesbaggerei	Für Sportboote gesperrt.
836,80	RU	Einmündung Altrhein	
837,35	RU	Pegel Rees	
837,40	RU	**Rees**	
837,40–837,67	RU	Stromhafen Rees	
838,00	LU	Einfahrt Kiesbaggerei	
838,00	LU	**Niedermörmter**	
838,05	LU	Einfahrt Kiesbaggerei	
838,65	–	Straßenbrücke Rees–Kalkar	Durchfahrten 1 Höhe über HSW 8,99 m
839,25	LU	Einfahrt Kiesbaggerei	Für Sportboote gesperrt.
839,95	LU	Einfahrt Kiesbaggerei	Für Sportboote gesperrt.
840,18	LU	Kiesverladeplatz	
840,33	LU	Orientierungsfeuer	Grünes Licht
841,00	LU	**Hochend**	
842,70	RU	Einfahrt Kiesbaggerei	

Yachthäfen

838,00	LU	**Wassersportverein Xanten e. V.**	ASH: Kiesbaggerei Angaben: Seite 156
842,70	RU	**Wassersport-Club Rees e. V.**	ASH: Kiesbaggerei Angaben: Seite 157
842,70	RU	**Rheinberger Yacht-Club 1971 e. V.**	ASH: Kiesbaggerei Angaben: Seite 158
842,70	RU	**Segel-Club Grafenwald e. V.**	ASH: Kiesbaggerei Angaben: Seite 159

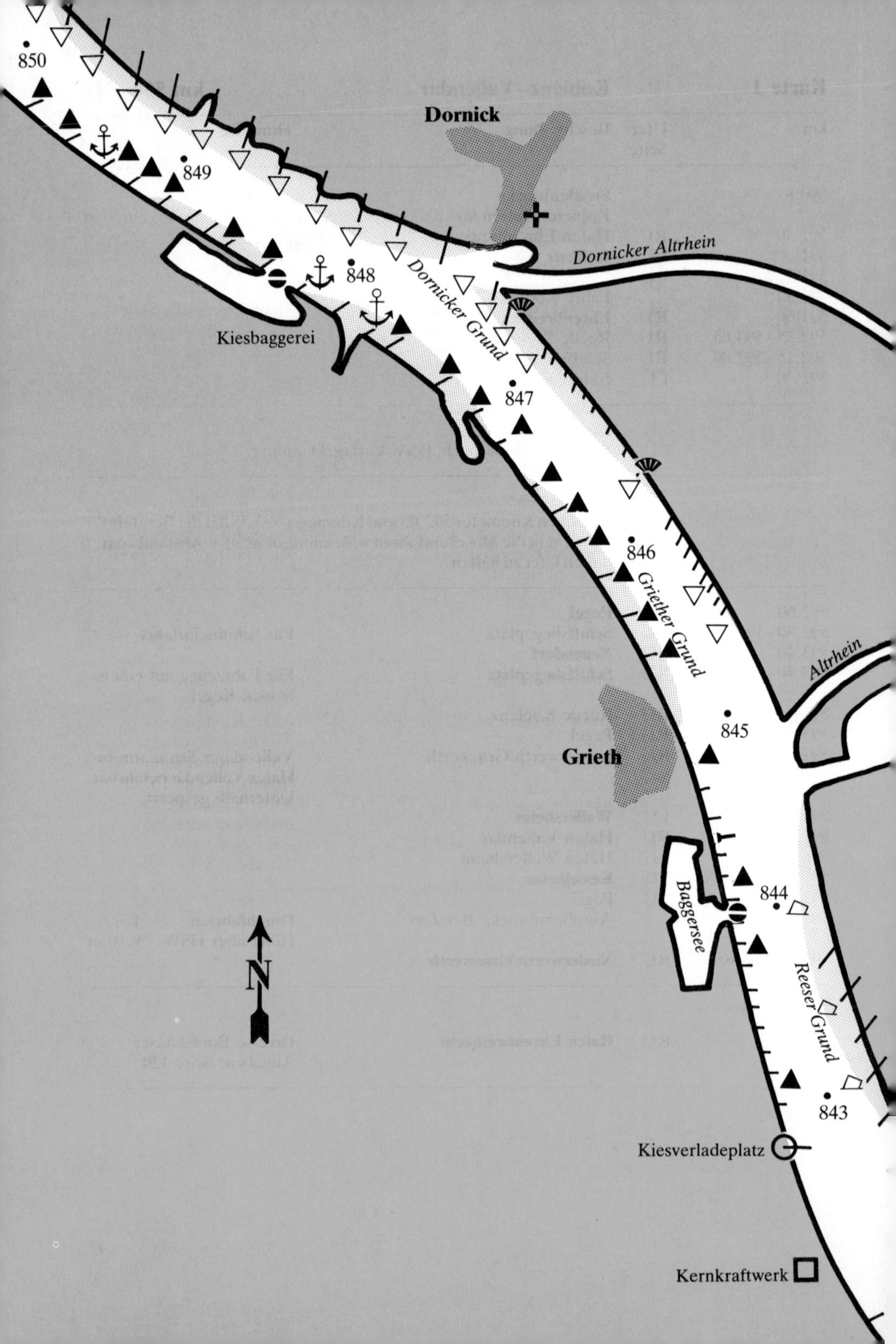
850
849
Dornick
848
Kiesbaggerei
Dornicker Altrhein
Dornicker Grund
847
846
Griether Grund
Altrhein
845
Grieth
Baggersee
844
Reeser Grund
N
843
Kiesverladeplatz
Kernkraftwerk

km	Ufer-Seite	Beschreibung	Hinweise
		Fahrhinweis: Zwischen km 769,00 und km 857,68 geregelter Rechtsverkehr.	
842,00	LU	Kernkraftwerk	
842,70	LU	Kiesverladeplatz	
844,00	LU	Baggersee	Für Sportboote gesperrt.
844,80	LU	**Grieth**	
844,78	RU	Einmündung Altrhein	
846,20	RU	Orientierungsfeuer	Rotes Licht
847,60–853,13	–	Reede Emmerich	
		Fahrhinweis: Wahrschau beim Befahren der Reede Emmerich. Starker Durchgangsverkehr, Querverkehr und Wendemanöver durch Zollboote. Unruhiges Wasser. Auf der gesamten Strecke sind Schiffsliegeplätze eingerichtet. Auf Reeden müssen Schleppverbände mit nur einem Anhang nicht mit Zylinder und Ball gekennzeichnet sein.	
847,55	RU	Orientierungsfeuer	Rotes Licht
847,70	RU	Einmündung Dornicker Altrhein	
847,70–847,90	LU	Schiffsliegeplatz	Für Fahrzeuge mit drei blauen Kegeln.
847,75	RU	**Dornick**	
848,00–848,30	LU	Schiffsliegeplatz	Für Fahrzeuge mit zwei blauen Kegeln.
848,60–850,40	LU	Schiffsliegeplatz	Für Verbände mit einem blauen Kegel.
848,35	LU	Einfahrt Kiesbaggerei	Für Sportboote gesperrt.

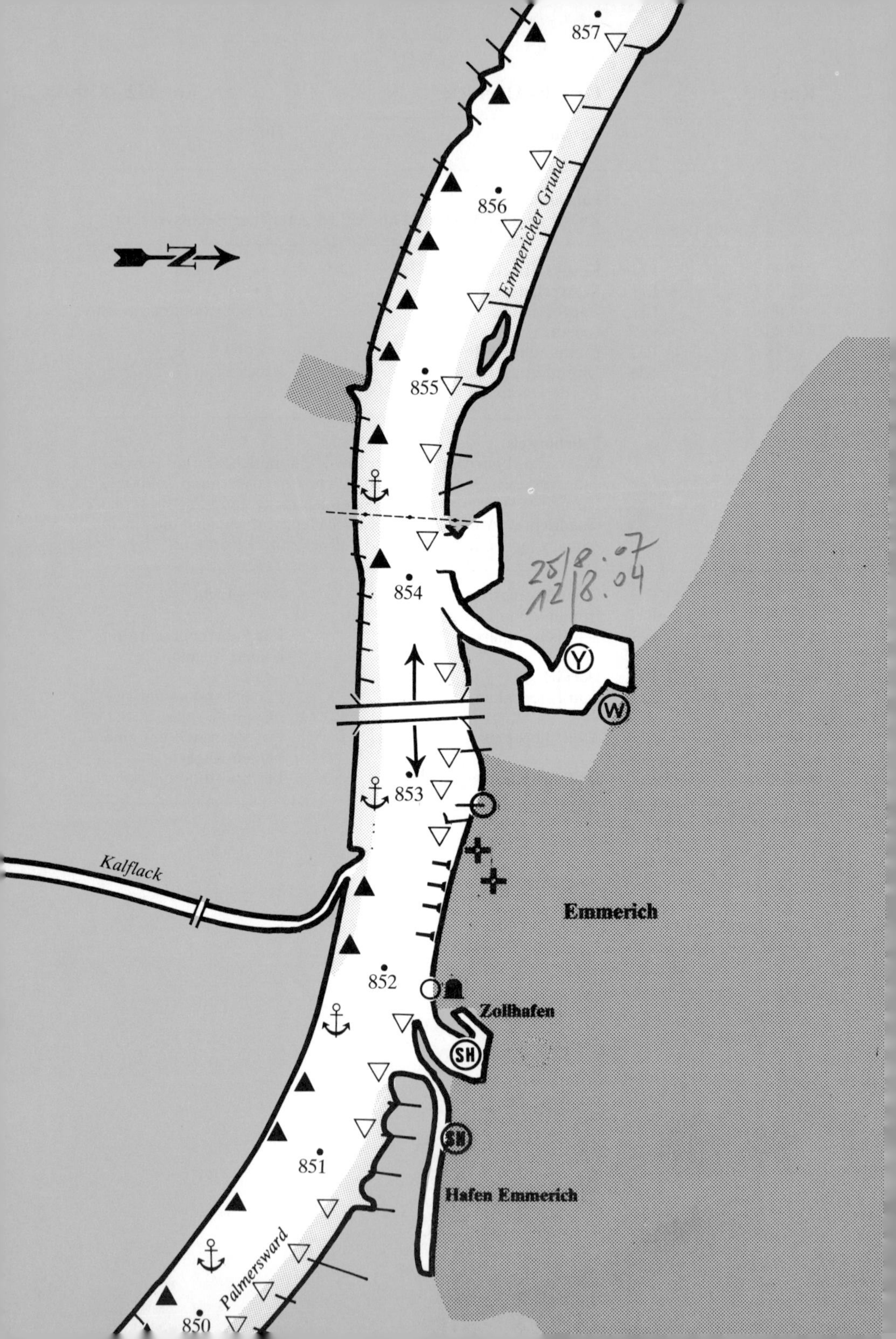

N
857
856
Emmericher Grund
855
854
853
Kalflack
852
Zollhafen
Emmerich
Hafen Emmerich
851
Palmerswärd
850
25/8.07
12/8.04

km	Ufer-Seite	Beschreibung	Hinweise
		Fahrhinweis: Zwischen km 769,00 und km 857,68 geregelter Rechtsverkehr.	
850,40–851,60	LU	Schiffsliegeplatz	Für Fahrzeuge mit einem blauen Kegel.
851,60	RU	Hafen Emmerich	
851,80	RU	**Zollhafen**	Abfertigungsstelle für aus den Niederlanden in Deutschland einlaufende Sportboote.
851,80–852,50	RU	Anleger	
851,88	RU	Pegel Emmerich	
851,90	RU	**Emmerich**	
851,90–853,13	LU	Schiffsliegeplatz	
852,65	LU	Einmündung Kalflack	
852,85	RU	Umschlagplatz	
853,13–847,60	–	Reede Emmerich	
853,23	–	Straßenbrücke Emmerich–Kleve	Durchfahrten 1 Höhe über HSW 9,10 m
854,80–857,00	LU	Abfertigungszone	Für Berufsschiffahrt

Yachthäfen

853,75	RU	**Emmericher Yachtclub e. V.**	ASH: Sporthafen Angaben: Seite 160
853,75	RU	**Potra-Marina**	ASH: Sporthafen Angaben: Seite 161
853,75	RU	**Neusser Yacht-Club e. V.**	ASH: Sporthafen Angaben: Seite 162

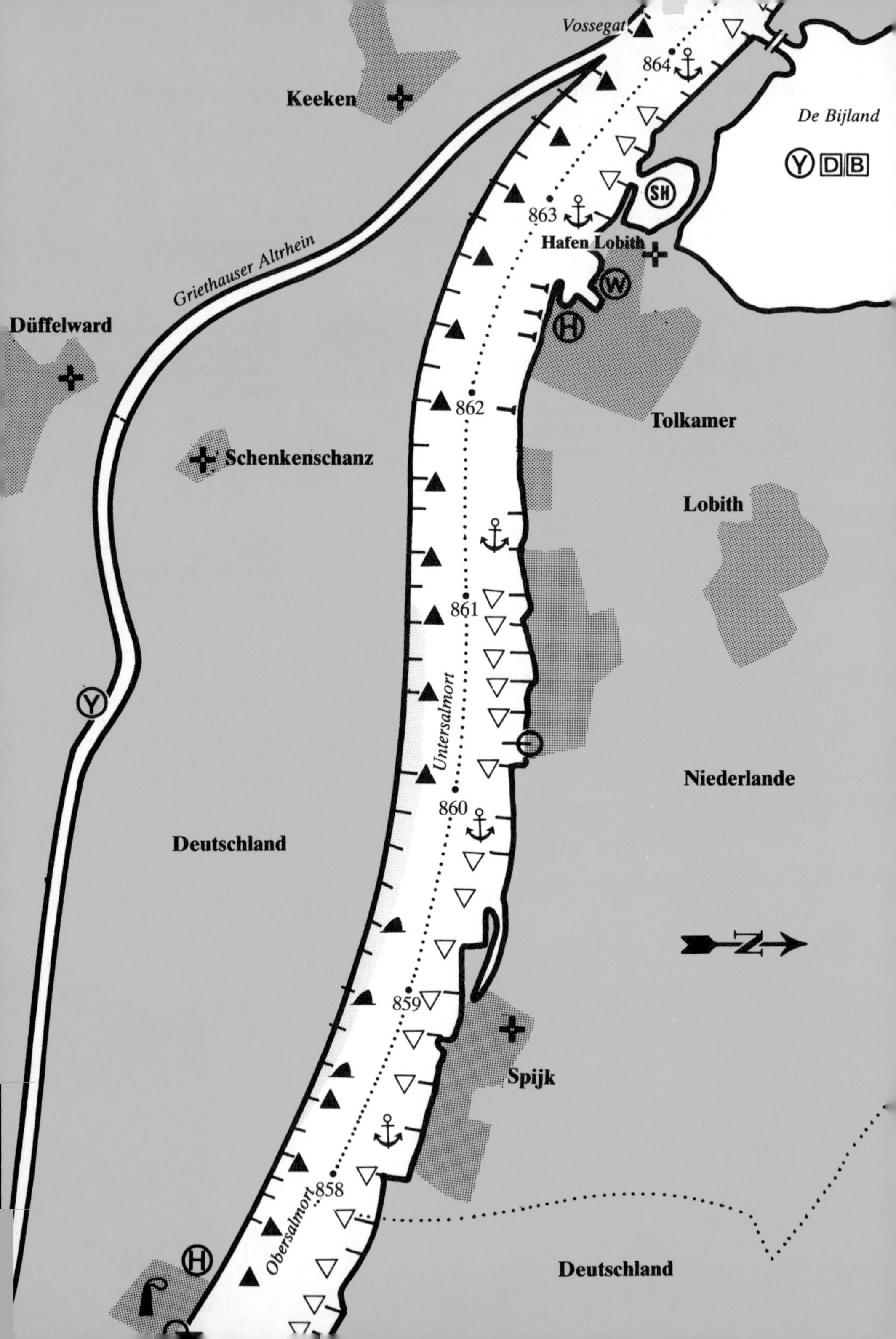

Vossegat
864
Keeken
De Bijland
Y D B
SH
863
Hafen Lobith
Griethauser Altrhein
W
H
Düffelward
862
Tolkamer
Schenkenschanz
Lobith
861
Untersalmort
Niederlande
860
Deutschland
Y
N
859
Spijk
858
Obersalmort
H
Deutschland

km	Ufer-Seite	Beschreibung	Hinweise
		Fahrhinweis: Zwischen km 769,00 und km 857,68 geregelter Rechtsverkehr. Wahrschau beim Befahren der Reede Lobith. Starker Durchgangsverkehr, Querverkehr und Wendemanöver durch Zollboote. Unruhiges Wasser. Auf der gesamten Strecke sind Schiffsliegeplätze eingerichtet. Auf Reeden müssen Schleppverbände mit nur einem Anhang nicht mit Zylinder und Ball gekennzeichnet sein.	
857,00	LU	Hafen Spijk	
857,68	–	Landesgrenze	Niederlande/Deutschland
857,73–865,60	RU	Reede Lobith	
857,73–858,23	RU	Schiffsliegeplatz	
858,23–859,83	RU	Schiffsliegeplatz	
859,00	RU	**Spijk**	
859,83–860,23	RU	Wendeplatz	
859,80	RU	Umschlagplatz	
860,23–861,43	RU	Schiffsliegeplatz	
861,43–862,93	RU	Wendeplatz	
861,50	LU	**Schenkenschanz**	
862,10	RU	Umschlagplatz	
862,30	RU	**Lobith-Tolkamer**	
862,40	RU	**Zollstation Tolkamer**	
862,80	RU	Werft	
862,93–863,38	RU	Schiffsliegeplatz	
863,38–863,78	RU	Wendeplatz	
863,39	RU	Vluchthaven Lobith	
863,75–863,98	RU	Schiffsliegeplatz	
863,50	LU	**Keeken**	
863,90	LU	Einmündung Schiffahrtsweg Kleve	Höchstgeschwindigkeit 5 km/h.
863,93	LU	Pegel	
864,45	RU	Baggersee De Bijland	
865,50–857,73	RU	Reede Lobith	

Yachthafen

863,90	LU	**Klever Segelgemeinschaft 1962 e. V.**	ASH: Hafen im Schiffahrtsweg Kleve an der Schleuse Brienen. Angaben: Seite 163

Bunkerstation

864,30	RU	**Diesel** – Bootstankstelle	Baggersee De Bijland*

*) An dieser Bunkerstation kann weißer Diesel zur Fahrt in die Bundesrepublik Deutschland gebunkert und roter Diesel gegen weißen Diesel getauscht werden.

Teil 4

- **Yachtclubs**
- **Yachthäfen**
- **Marinas**

Bootshäuser im Hafen Ehrenbreitstein

In diesem Hafen sind zwei Bootshäuser etabliert, an denen – falls Liegemöglichkeiten vorhanden – festgemacht werden kann. Weitere bedingte Liegemöglichkeiten bestehen an der Kaimauer.

Versorgung und technische Dienste

Lebensmittel	Ehrenbreitstein (1 km)
Schiffsbedarf	Bruno Litzke, Trierer Straße 125 5400 Koblenz-Metternich, Telefon 0261/23044 Nautic-Shop, Rhenusstraße 26 5400 Koblenz, Telefon 0261/31958
Motorendienste	Maschinen-Bertgen KG, Bahnhofstraße 22 5400 Koblenz, Telefon 0261/32353
Werften	Wilfried Grühn, Winninger Straße 5400 Koblenz, Telefon 0261/22843
Slip	–
Kran	–
Treibstoff	–
Fahrhinweis	–

Motor-Yacht-Club Neuwied e. V.

	Mitglied DMYV	
Anschrift	Rheinstraße 180 5450 Neuwied 1	
Telefon	0 26 31 / 2 48 01	
Stützpunkt	–	
Hafen	Steganlage im Strom	
Clubhaus	Am Hafen. Bewirtschaftet. Öffnungszeiten täglich (Montag Ruhetag)	
Anschrift	Fam. Janovic, Rheinstraße 180 5450 Neuwied 1, Telefon 0 26 31 / 2 48 01	
Gastplätze	Bedingt	
	Wasseranschluß	Vorhanden
	Stromanschluß	Vorhanden
	Toiletten	Vorhanden
	Duschen	–
Entsorgung	● Abfall	Vorhanden
	● Chemietoiletten	–
	● Altöl	–

Versorgung und technische Dienste

Lebensmittel	Neuwied (1 km)
Schiffsbedarf	–
Motorendienste	–
Werften	Bootswerft H. Schmilgeit, In der Sohl 5450 Neuwied 1, Telefon 0 26 31 / 5 22 84
Slip	–
Kran	Clubeigener Kran bis 4 t
Treibstoff	Benzin, Diesel = Bunkerboot bei Rhein-km 608,00
Fahrhinweis	Querströmung und Betonnung beachten.

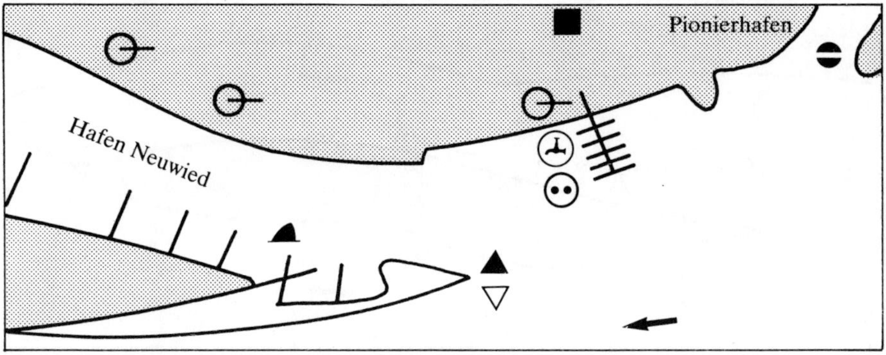

Yacht-Club Insel Hammerstein e. V.

	Mitglied DMYV	
Anschrift	Floßweg 78 5300 Bonn 2	
Telefon	02 28 / 34 47 81	
Stützpunkt	–	
Hafen	Insel Hammerstein	
Clubhaus	–	
Gastplätze	Bedingt	
	Wasseranschluß	–
	Stromanschluß	–
	Toiletten	–
	Duschen	–
Entsorgung	● Abfall	–
	● Chemietoiletten	–
	● Altöl	–

Versorgung und technische Dienste

Lebensmittel	Leutesdorf (1,5 km)
Schiffsbedarf	–
Motorendienste	–
Werften	Lahnsteiner Schiffswerft GmbH & Co KG Johannesstraße 33 5420 Lahnstein 1, Telefon 0 26 21 / 70 04
Slip	–
Kran	–
Treibstoffversorgung	–
Fahrhinweis	Hafenplan (A). Einfahrt zwischen der gelben Tonne und Hammersteiner Werth.

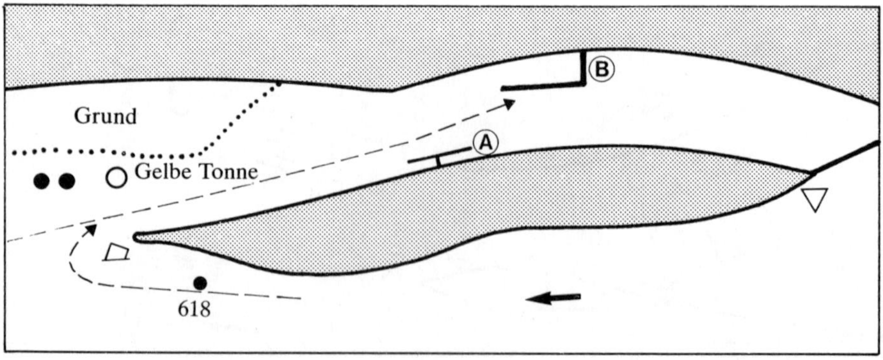

1. Motorbootclub Leutesdorf/Rhein e. V.

	Mitglied DMYV	
Anschrift	Kirchstraße 31	
	5458 Leutesdorf	
Telefon	0 26 31 / 7 69 29	
Stützpunkt	–	
Hafen	Insel Hammerstein	
Clubhaus	–	
Gastplätze	Bedingt	
	Wasseranschluß	–
	Stromanschluß	–
	Toiletten	–
	Duschen	–
Entsorgung	● Abfall	–
	● Chemietoiletten	–
	● Altöl	–

Versorgung und technische Dienste

Lebensmittel	Leutesdorf (1,5 km)
Schiffsbedarf	–
Motorendienste	–
Werften	–
Slip	–
Kran	–
Treibstoff	–
Fahrhinweis	Hafenplan (B). Einfahrt zwischen der gelben Tonne und Hammersteiner Werth. siehe Seite 122

Marina Oberwinter

	Mitglied –
Anschrift	Am Yachthafen 5480 Remagen-Oberwinter
Telefon	0 22 28 / 71 51
Stützpunkt	–
Hafen	Oberwinter
Clubhaus	Am Hafen. Bewirtschaftet. Öffnungszeiten 10.00 Uhr bis 24.00 Uhr. Dienstag Ruhetag.
Anschrift	s. o. Telefon 0 22 28 / 71 51
Gastplätze	Vorhanden

	Wasseranschluß	Vorhanden
	Stromanschluß	Vorhanden
	Toiletten	Vorhanden
	Duschen	Vorhanden
Entsorgung	● Abfall	Vorhanden
	● Chemietoiletten	–
	● Altöl	–

Versorgung und technische Dienste

Lebensmittel	Oberwinter (1 km)
Schiffsbedarf	Marina Oberwinter, Anschrift s. o.
Motorendienste	Marina Oberwinter, Anschrift s. o.
Werften	Marina Oberwinter, Anschrift s. o.
Slip	–
Kran	–
Treibstoff	Benzin (bleifrei) = Marina Oberwinter Superbenzin (verbleit) = Marina Oberwinter Diesel = Marina Oberwinter
Fahrhinweis	Hafenplan (A). Querströmung beachten, von der Mole freihalten.

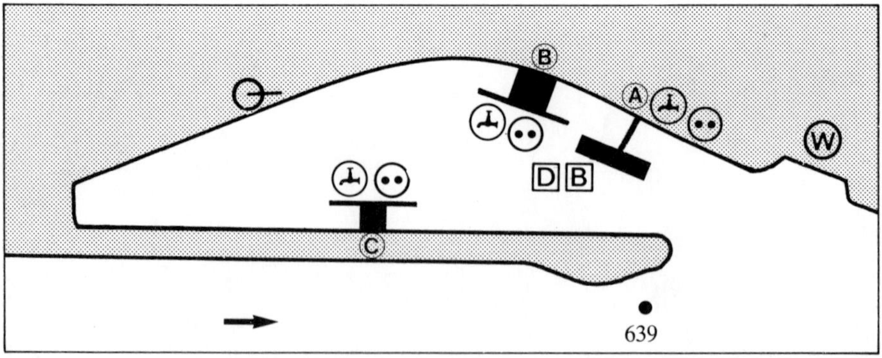

Bonner Yacht-Club 1911 e. V.

	Mitglied DMYV, DSV	
Anschrift	Grimmgasse 82 5300 Bonn 1	
Telefon	02 28 / 61 13 52	
Stützpunkt	Kreuzer-Abteilung des DSV	
Hafen	Oberwinter	
Clubhaus	Am Hafen, nicht bewirtschaftet	
Anschrift	Yachthafen, 5480 Remagen-Oberwinter Telefon 0 22 28 / 5 33	
Gastplätze	Vorhanden	
	Wasseranschluß	Vorhanden
	Stromanschluß	Vorhanden
	Toiletten	Vorhanden
	Duschen	–
Entsorgung	● Abfall	Vorhanden
	● Chemietoiletten	–
	● Altöl	–

Versorgung und technische Dienste

Lebensmittel	Oberwinter (1 km)
Schiffsbedarf	Marina Oberwinter, Am Yachthafen 5480 Remagen-Oberwinter, Telefon 0 22 28 / 71 51
Motorendienste	Marina Oberwinter Anschrift s. o.
Werften	Marina Oberwinter Anschrift s. o.
Slip	–
Kran	–
Treibstoff	Benzin (bleifrei) = Marina Oberwinter Superbenzin (verbleit) = Marina Oberwinter Diesel = Marina Oberwinter
Fahrhinweis	Hafenplan (B). Querströmung beachten, von der Mole freihalten. siehe Seite 124

Yacht-Club Mittelrhein e. V., Bad Godesberg

	Mitglied DSV	
Anschrift	Im Ellig 6	
	5480 Remagen	
Telefon	02 28 / 5 82	
Stützpunkt	–	
Hafen	Oberwinter	
Clubhaus	Bootshaus am Hafen.	
	Bewirtschaftet. Öffnungszeiten Sa. 14.00 bis 20.00 Uhr,	
	So. 10.00 bis 18.00 Uhr.	
Anschrift	Yachthafen, 5480 Remagen-Oberwinter	
	Telefon 0 22 28 / 14 25	
Gastplätze	Vorhanden	
	Wasseranschluß	Vorhanden
	Stromanschluß	Vorhanden
	Toiletten	Vorhanden
	Duschen	Vorhanden
Entsorgung	● Abfall	Vorhanden
	● Chemietoiletten	–
	● Altöl	–

Versorgung und technische Dienste

Lebensmittel	Oberwinter (1 km)
Schiffsbedarf	Marina Oberwinter
	Anschrift s. o.
Motorendienste	Marina Oberwinter
	Anschrift s. o.
Werften	Marina Oberwinter
	Anschrift s. o.
Slip	–
Kran	Clubeigener Kran bis 2 t
Treibstoff	Benzin (bleifrei) = Marina Oberwinter
	Superbenzin (verbleit) = Marina Oberwinter
	Diesel = Marina Oberwinter
Fahrhinweis	Hafenplan (C).
	Querströmung beachten, von der Mole freihalten.
	siehe Seite 124

Wassersportverein Honnef e. V.

	Mitglied DKV, DMYV, DSV	
Anschrift	Rheinpromenade 7	
	5340 Bad Honnef 1	
Telefon	0 22 24 / 51 12	21/8.04
Stützpunkt	DMYV	
Hafen	Grafenwerth	
Clubhaus	Am Hafen	
	Bewirtschaftet: täglich ab 11.00 Uhr.	
Anschrift/Telefon	s. o.	
Gastplätze	Vorhanden	
	Wasseranschluß	Vorhanden
	Stromanschluß	Vorhanden
	Toiletten/Duschen	Vorhanden
Entsorgung	● Abfall	Vorhanden
	● Chemietoiletten	–
	● Altöl	–

Versorgung und technische Dienste

Lebensmittel	Bad Honnef (1 km)
Schiffsbedarf	Wassersportservice, Gerh. Tartz GmbH Gartenstraße 23, 5309 Lüftelberg
Motorendienste	Marina Oberwinter, Am Yachthafen 5480 Remagen-Oberwinter, Telefon 0 22 28 / 71 51
Werften	Marina Oberwinter, Anschrift s. o.
Slip	Clubeigene Slipbahn bis 10 t
Kran	Clubeigener Kran bis 40 t
Treibstoff	–
Ansteuerungshinweis	Einfahrt unterstrom Grafenwerth. Fahrrinne im Hafen ca. 10 m parallel zum Leitwerk. Ab Kölner Pegel 3,80 m ist das Leitwerk sowie das Inselende überspült. Nicht zwischen den 3 Baken auf dem Leitwerk durchfahren. Das Leitwerkende ist durch eine Bake gekennzeichnet.

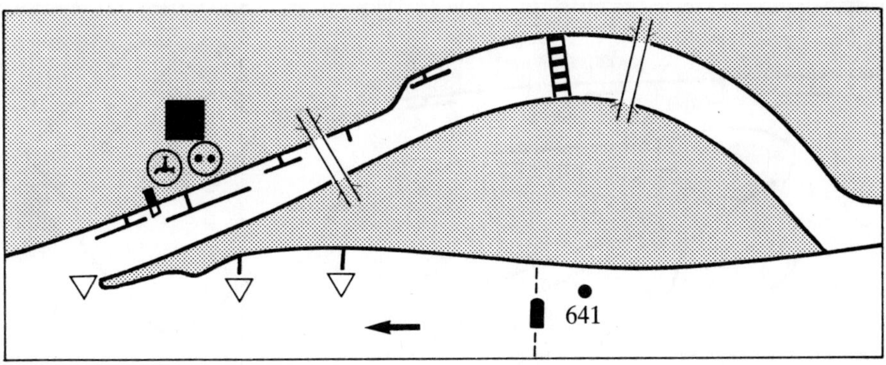

Motor-Yacht-Club Mondorf e. V.

	Mitglied DMYV	
Anschrift	Rheinallee 4	
	5216 Niederkassel-Mondorf	
Telefon	02164/10524	
Stützpunkt	–	
Hafen	Mondorf	
Clubhaus	Clubschiff am Hafen.	
	Nicht bewirtschaftet.	
Anschrift	s. o.	
Telefon	–	
Gastplätze	Vorhanden	
	Wasseranschluß	Vorhanden
	Stromanschluß	Vorhanden
	Toiletten	–
	Duschen	–
Entsorgung	● Abfall	–
	● Chemietoiletten	–
	● Altöl	–

Versorgung und technische Dienste

Lebensmittel	Mondorf (unmittelbar in Hafennähe)
Schiffsbedarf	–
Motorendienste	Reinhold Lülsdorf GmbH, Moselstraße 16
	5216 Niederkassel-Mondorf, Telefon 02208/450485
Werften	Reinhold Lülsdorf GmbH
	Anschrift s. o.
	Lux-Werft KG, Moselstraße 10
	5216 Niederkassel-Mondorf, Telefon 02208/452525
Slip	Slipbahn bis 40 t bei Lux-Werft
Kran	–
Treibstoff	–
Fahrhinweis	Hafenplan (A).
	Hinter WSA.

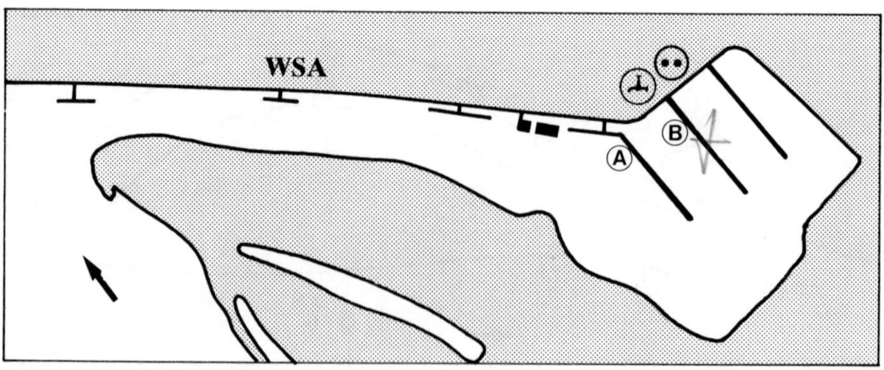

Rhein-Yacht-Club Niederkassel-Mondorf e. V.

	Mitglied DMYV	
Anschrift	Postfach 11 10 5216 Niederkassel 1	
Telefon	0 22 08 / 7 27 27	
Stützpunkt	–	
Hafen	Mondorf	
Clubhaus	Clubschiff am Hafen. Bewirtschaftet. Öffnungszeiten: am Wochenende	
Anschrift	–	
Telefon	–	
Gastplätze	Vorhanden	
	Wasseranschluß	Vorhanden
	Stromanschluß	Vorhanden
	Toiletten	Vorhanden
	Duschen	–
Entsorgung	● Abfall	Vorhanden
	● Chemietoiletten	–
	● Altöl	–

Versorgung und technische Dienste

Lebensmittel	Mondorf (unmittelbar in Hafennähe)
Schiffsbedarf	–
Motorendienste	Reinhold Lülsdorf GmbH, Moselstraße 16 5216 Niederkassel-Mondorf, Telefon 0 22 08 / 45 04 85
Werften	Reinhold Lülsdorf GmbH Anschrift s. o. Lux-Werft KG, Moselstraße 10 5216 Niederkassel-Mondorf, Telefon 0 22 08 / 45 25 25
Slip	Slipbahn bis 40 t bei Lux-Werft
Kran	–
Treibstoff	–
Fahrhinweis	Hafenplan (B). Hinter WSA. siehe Seite 128

Yacht-Club Hersel 1971 e. V.

	Mitglied DMYV	
Anschrift	Ludwig-Jahn-Straße 22	
	5020 Frechen-Königsdorf	
Telefon	0 22 34 / 6 25 65	
Stützpunkt	DMYV	
Hafen	Herseler Werth	
Clubhaus	Am Hafen. Nicht bewirtschaftet.	
Anschrift	–	
Telefon	–	
Gastplätze	Vorhanden	
	Wasseranschluß	Vorhanden
	Stromanschluß	Vorhanden
	Toiletten	–
	Duschen	–
Entsorgung	● Abfall	–
	● Chemietoiletten	–
	● Altöl	–

Versorgung und technische Dienste

Lebensmittel	Hersel (1 km)
Schiffsbedarf	–
Motorendienste	Reinhold Lülsdorf GmbH, Moselstraße 16 5216 Niederkassel-Mondorf, Telefon 0 22 08 / 45 04 85
Werften	Reinhold Lülsdorf GmbH, Anschrift s. o. Lux-Werft KG, Moselstraße 10 5216 Niederkassel-Mondorf, Telefon 0 22 08 / 45 25 25
Slip	Clubeigene Slipbahn
Kran	–
Treibstoff	–
Fahrhinweis	Fahrzeuge mit mehr als 1,00 m Tiefgang können bei Pegel Köln 0,00 m nicht in den Stromarm einlaufen. Je nach Wasserstand starke Stömungen.

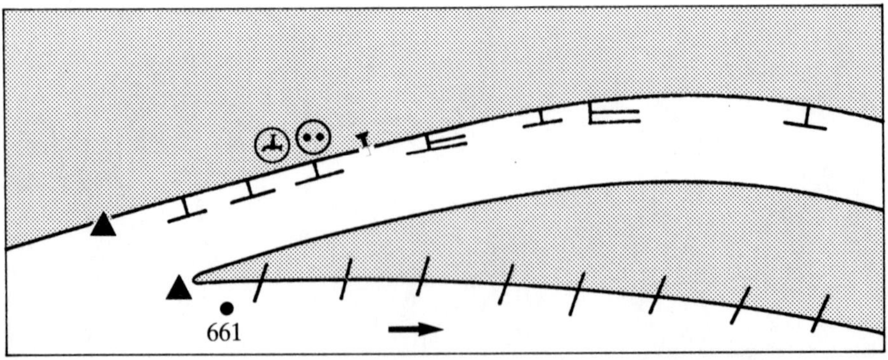

Club für Wassersport Porz e. V. 1926

	Mitglied DMYV, DRV, DSV	
Anschrift	In der Rosenau 10a 5000 Köln 90	
Telefon	0 22 03 / 8 29 35	
Stützpunkt	–	
Hafen	Porz-Zündorf	
Clubhaus	Am Hafen Bewirtschaftet: Montag bis Freitag 16.00 bis 23.00 Uhr. Samstag und Sonntag 10.00 bis 23.00 Uhr. Dienstag Ruhetag.	
Anschrift/Telefon	s. o.	
Gastplätze	Vorhanden	
	Wasseranschluß	Vorhanden
	Stromanschluß	Vorhanden
	Toiletten	Vorhanden
	Duschen	Vorhanden
Entsorgung	● Abfall	Vorhanden
	● Chemietoiletten	–
	● Altöl	–

Versorgung und technische Dienste

Lebensmittel	Zündorf (1 km)
Schiffsbedarf	Weber-Schiff GmbH, Rheinauhafen 5000 Köln 1, Telefon 02 21 / 31 30 21
Motorendienste	Frieße & Höher, Rheinauhafen H 12 A 5000 Köln 1, Telefon 02 21 / 32 29 14
Werften	Heinrich Pannenbäcker, Sachsenbergstraße 5 5000 Köln 80, Telefon 02 21 / 81 12 25 Fritz Bausch, Sachsenbergstraße 4 5000 Köln 80, Telefon 02 21 / 81 26 06
Slip	Clubeigene Slipbahn bis 3 t
Kran	–
Treibstoff	Benzin/Diesel = Straßentankstelle (0,5 km)
Fahrhinweis	Nicht an der Mole und am südlichen Damm zu dicht anfahren: Unterwasser-Aufschüttungen.

Interessengemeinschaft Rheinau-Sporthafen e. V.

	Mitglied –	
Anschrift	An der Schanz 2 5000 Köln 60	
Telefon	02 21 / 31 40 66, Hafenmeister: 02 21 / 32 98 81	
Stützpunkt	DMYV	
Hafen	Rheinau	
Clubhaus	Am Hafen. Bewirtschaftet: Täglich 9.00 bis 20.00 Uhr.	
Anschrift	s. o.	
Telefon	02 21 / 32 57 87	
Gastplätze	Vorhanden	
	Wasseranschluß	Vorhanden
	Stromanschluß	Vorhanden
	Toiletten/Duschen	Vorhanden
Entsorgung	● Abfall	Vorhanden
	● Chemietoiletten	–
	● Altöl	Auf Anfrage

Versorgung und technische Dienste

Lebensmittel	Severinsviertel (unmittelbar am Hafen)
Schiffsbedarf	Weber-Schiff GmbH, Rheinauhafen 5000 Köln 1, Telefon 02 21 / 31 30 21
Motorendienste	Frieße & Höher, Rheinauhafen H 12 A 5000 Köln 1, Telefon 02 21 / 32 29 14
Werften	Heinrich Pannenbäcker, Sachsenbergstraße 5 5000 Köln 80, Telefon 02 21 / 81 12 25 Fritz Bausch, Sachsenbergstraße 4 5000 Köln 80, Telefon 02 21 / 81 26 06
Slip	–
Kran	Bis 5 t Häfen der Stadt Köln, Rheinauhafen 5000 Köln 1, Telefon 02 21 / 3 38 11
Treibstoff	Benzin, Diesel = Bootstankstelle im Hafen
Fahrhinweis	Wahrschau: Vor der Einfahrt starker Fähr- und Personenschiffahrtsverkehr.

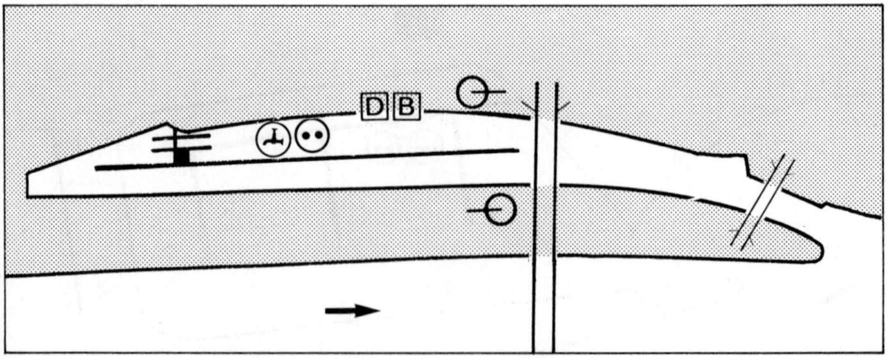

Yacht-Club Wuppertal-Hitdorf e. V.

	Mitglied DMYV, DSV	
Anschrift	Rheinstraße 166 5090 Leverkusen-Hitdorf	
Telefon	0 21 73 / 4 14 34	
Stützpunkt	DMYV, Kreuzer-Abteilung des DSV	
Hafen	Hitdorf	
Clubhaus	Am Hafen Bewirtschaftet: Mittwoch und Freitag ab 18.00 Uhr, Samstag und Sonntag ab 10.00 Uhr.	
Anschrift/Telefon	s. o.	
Gastplätze	Vorhanden	
	Wasseranschluß	Vorhanden
	Stromanschluß	Vorhanden
	Toiletten	Vorhanden
	Duschen	Vorhanden
Entsorgung	● Abfall	Vorhanden
	● Chemietoiletten	–
	● Altöl	–

Versorgung und technische Dienste

Lebensmittel	Hitdorf (0,5 km)
Schiffsbedarf	Raika-Bootshandel GmbH Langenfelder Straße 166 5090 Leverkusen-Hitdorf, Telefon 0 21 73 / 4 22 17
Motorendienste	Raika-Bootshandel GmbH Anschrift s. o.
Werften	Raika-Bootshandel GmbH Anschrift s. o.
Slip	–
Kran	Raika-Bootshandel GmbH, Anschrift s. o.
Treibstoff	–
Fahrhinweis	Hafenplan (A).

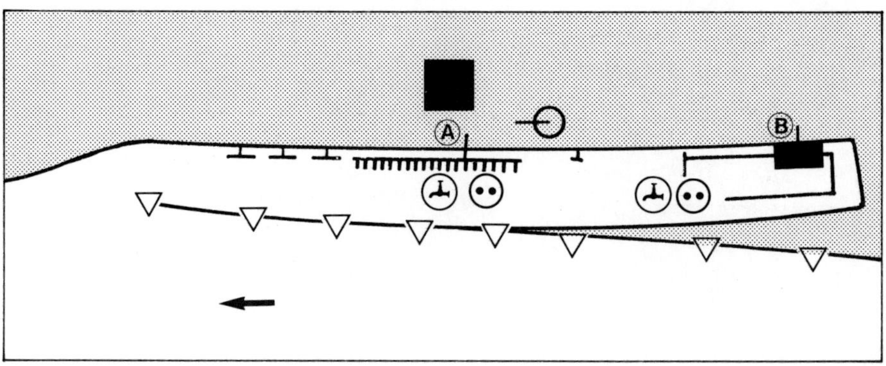

Yacht-Club Leverkusen-Hitdorf e.V.

	Mitglied DMYV, DSV	
Anschrift	Rheinstraße 13 5090 Leverkusen-Hitdorf	
Telefon	0 21 73 / 4 18 75	
Stützpunkt	DMYV, Kreuzer-Abteilung des DSV	
Hafen	Hitdorf	
Clubhaus	Am Hafen Bewirtschaftet: Mittwoch und Freitag ab 17.00 Uhr, Samstag und Sonntag.	
Anschrift/Telefon	s. o.	
Gastplätze	Vorhanden	
	Wasseranschluß	Vorhanden
	Stromanschluß	Vorhanden
	Toiletten	Vorhanden
	Duschen	–
Entsorgung	● Abfall	Vorhanden
	● Chemietoiletten	–
	● Altöl	–

Versorgung und technische Dienste

Lebensmittel	Hitdorf (0,5 km)
Schiffsbedarf	Raika-Bootshandel GmbH Langenfelder Straße 166 5090 Leverkusen-Hitdorf Telefon 0 21 73 / 4 22 17
Motorendienste	Raika-Bootshandel GmbH Anschrift s. o.
Werften	Raika-Bootshandel GmbH Anschrift s. o.
Slip	–
Kran	Raika-Bootshandel GmbH Anschrift s. o.
Treibstoff	–
Fahrhinweis	Hafenplan (B). siehe Seite 133

Motor-Yacht-Club Hilden e. V.

	Mitglied DMYV	
Anschrift	Kirscherstraße 79 4019 Monheim	
Telefon	0 21 73 / 5 23 55	
Stützpunkt	–	
Hafen	Steganlage im Strom	
Clubhaus	Am Hafen. Nicht bewirtschaftet.	
Anschrift/Telefon	–	
Gastplätze	Vorhanden	
	Wasseranschluß	Vorhanden
	Stromanschluß	Vorhanden
	Toiletten	–
	Duschen	–
Entsorgung	● Abfall	–
	● Chemietoiletten	–
	● Altöl	–

Versorgung und technische Dienste

Lebensmittel	Baumberg (1 km)
Schiffsbedarf	–
Motorendienste	–
Werften	Schiffswerft W. Fleischhauer Rheinau 7 4077 Dormagen-Zons Telefon 0 21 06 / 4 21 06
Slip	Clubeigene Slipbahn bis 3,5 t
Kran	–
Treibstoff	–
Fahrhinweis	–

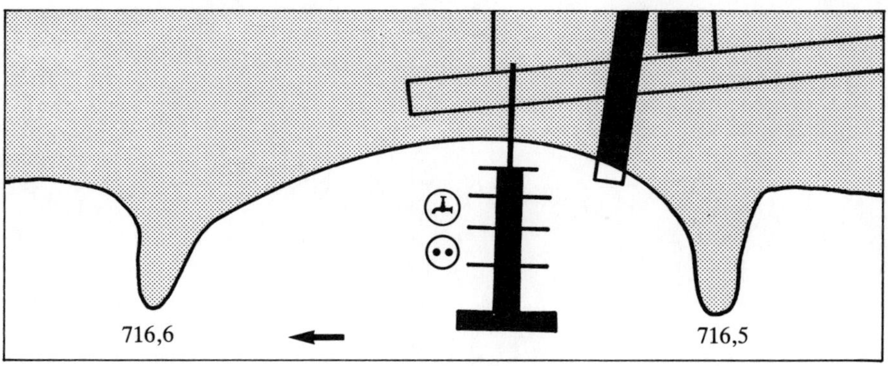

Yachtclub Rheinau Zons e.V.

	Mitglied DMYV
Anschrift	Mörikestraße 19 4077 Dormagen 5
Telefon	0 21 06 / 4 92 62
Stützpunkt	–
Hafen	Steganlage im Strom
Clubhaus	–
Gastplätze	Bedingt
	Wasseranschluß –
	Stromanschluß –
	Toiletten –
	Duschen –
Entsorgung	● Abfall –
	● Chemietoiletten –
	● Altöl –

Versorgung und technische Dienste

Lebensmittel	Zons (1 km)
Schiffsbedarf	–
Motorendienste	–
Werften	Schiffswerft W. Fleischhauer Rheinau 7 4077 Dormagen-Zons Telefon 0 21 06 / 4 21 06
Slip	Fährrampe nach Rücksprache mit dem Fährpersonal.
Kran	–
Treibstoff	–
Fahrhinweis	Steganlage unterhalb Fähre.

Düsseldorfer Segler-Verein e. V.

	Mitglied DSV	
Anschrift	Volmerswerther Deich 2 4000 Düsseldorf 1	
Telefon	02 11 / 15 57 43	
Stützpunkt	Kreuzer-Abteilung des DSV	
Hafen	Sporthafen Düsseldorf-Volmerswerth	
Clubhaus	Am Hafen, hinter dem Deich. Nicht bewirtschaftet.	
Anschrift/Telefon	s. o.	
Gastplätze	Vorhanden	
	Wasseranschluß	Vorhanden
	Stromanschluß	Vorhanden
	Toiletten	Vorhanden
	Duschen	–
Entsorgung	● Abfall	–
	● Chemietoiletten	–
	● Altöl	–

Versorgung und technische Dienste

Lebensmittel	Verschiedene Supermärkte (3 km)
Schiffsbedarf	–
Motorendienst	–
Werften	–
Slip	Clubeigene Slipanlage
Kran	Clubeigener Kran bis 1,5 t
Treibstoff	–
Fahrhinwies	Hafen von Unterstrom dicht unter Land anfahren. Wahrschau: Sandbank vor der Hafeneinfahrt.

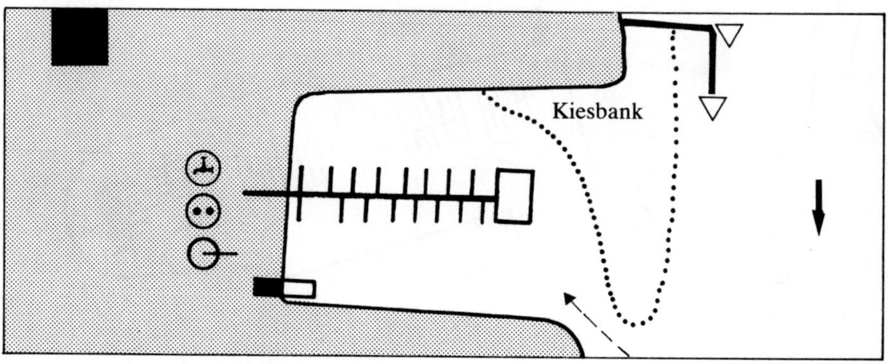

Neusser Wassersportverein e. V.

	Mitglied DMYV	
Anschrift	Am Sporthafen 6	
	4040 Neuss-Grimlinghausen	
Telefon	0 21 01 / 15 07 49	
Stützpunkt	DMYV	
Hafen	Neusser Sporthafen	
Clubhaus	Am Hafen	
	Bewirtschaftet: Mittwoch 16.00 bis 23.00 Uhr,	
	Samstag/Sonntag 11.00 bis 20.00 Uhr.	
Anschrift/Telefon	s. o.	
Gastplätze	Bedingt	
	Wasseranschluß	Vorhanden
	Stromanschluß	Vorhanden
	Toiletten	Vorhanden
	Duschen	–
Entsorgung	● Abfall	Vorhanden
	● Chemietoiletten	–
	● Altöl	–

Versorgung und technische Dienste

Lebensmittel	Grimlinghausen (1 km)
Schiffsbedarf	Hans Hähnen, Kölner Straße 452
	4040 Neuss-Grimlinghausen, Telefon 0 21 21 / 13 07 75
Motorendienste	Bootswerft P. Becker, Am Sandacker 35
	4000 Düsseldorf-Hamm, Telefon 02 11 / 30 59 18
Werften	Bootswerft P. Becker, Anschrift s. o.
Slip	Clubeigene Slipbahn bis 10 t
Kran	–
Treibstoff	–
Fahrhinweis	Hafenplan (A).

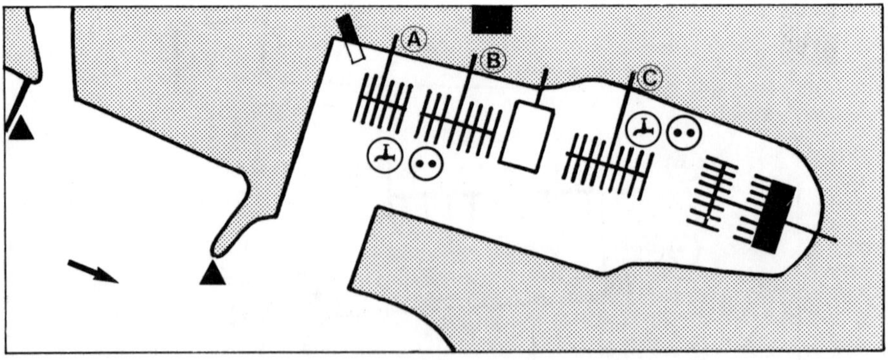

Neusser Kanu-Club e.V.

	Mitglied DKV, DSV	
Anschrift	Am Sporthafen 7 4040 Neuss-Grimlinghausen	
Telefon	0 21 01 / 15 04 54	
Stützpunkt	–	
Hafen	Neusser Sporthafen	
Clubhaus	Bedingt bewirtschaftet.	
Anschrift/Telefon	s. o.	
Gastplätze	Bedingt	
	Wasseranschluß	Vorhanden
	Stromanschluß	Vorhanden
	Toiletten	Vorhanden
	Duschen	Vorhanden
Entsorgung	● Abfall	Vorhanden
	● Chemietoiletten	–
	● Altöl	–

Versorgung und technische Dienste

Lebensmittel	Grimlinghausen (1 km)
Schiffsbedarf	Hans Hähnen, Kölner Straße 452 4040 Neuss-Grimlinghausen, Telefon 0 21 21 / 13 07 75
Motorendienste	Bootswerft P. Becker, Am Sandacker 35 4000 Düsseldorf-Hamm, Telefon 02 11 / 30 59 18
Werften	Bootswerft P. Becker Anschrift s. o.
Slip	–
Kran	–
Treibstoff	–
Fahrhinweis	Hafenplan (B). siehe Seite 138

Yacht-Club Novesia e. V.

	Mitglied DSV	
Anschrift	Windmühlenstraße 3	
	4040 Kaarst	
Telefon	02101/65366	
Stützpunkt	–	
Hafen	Neusser Sporthafen	
Clubhaus	Neusser Wassersportverein e. V.	
	Bewirtschaftet: Mittwoch 16.00 bis 23.00 Uhr	
	Samstag/Sonntag 11.00 bis 20.00 Uhr.	
Anschrift	Am Sporthafen 6	
	4040 Neuss-Grimlinghausen	
	Telefon 02101/150749	
Gastplätze	Vorhanden	
	Wasseranschluß	Vorhanden
	Stromanschluß	Vorhanden
	Toiletten	–
	Duschen	–
Entsorgung	● Abfall	Vorhanden
	● Chemietoiletten	–
	● Altöl	–

Versorgung und technische Dienste

Lebensmittel	Grimlinghausen (1 km)
Schiffsbedarf	Hans Hähnen, Kölner Straße 452
	4040 Neuss-Grimlinghausen, Telefon 02121/130775
Motorendienste	Bootswerft P. Becker, Am Sandacker 35
	4000 Düsseldorf-Hamm, Telefon 0211/305918
Werften	Bootswerft P. Becker
	Anschrift s. o.
Slip	–
Kran	–
Treibstoff	–
Fahrhinweis	Hafenplan (C).
	siehe Seite 138

Marina Düsseldorf

	Mitglied –	
Anschrift	Zollhof 15 4000 Düsseldorf 1	
Telefon	02 11 / 39 43 69	
Stützpunkt	–	
Hafen	Zollhafen Düsseldorf	
Clubhaus	–	
Gastplätze	Vorhanden	
	Wasseranschluß	Vorhanden
	Stromanschluß	Vorhanden
	Toiletten	Vorhanden
	Duschen	Vorhanden
Entsorgung	● Abfall	Vorhanden
	● Chemietoiletten	–
	● Altöl	Vorhanden

Versorgung und technische Dienste

Lebensmittel	Düsseldorf (0,5 km)
Schiffsbedarf	Lenz Rega-Port, Handelshafen/Kaistraße 4000 Düsseldorf 1, Telefon 02 11 / 30 63 71
Motorendienste	Durch Tankstelle am Hafen
Werften	–
Slip	–
Kran	Kran bis 30 t Lenz Rega-Port, Anschrift s. o.
Treibstoff	Benzin = Straßentankstelle (0,5 km) Diesel = Bunkerboot im Hafen Düsseldorf
Fahrhinweis	Steganlage direkt am Fernsehturm.

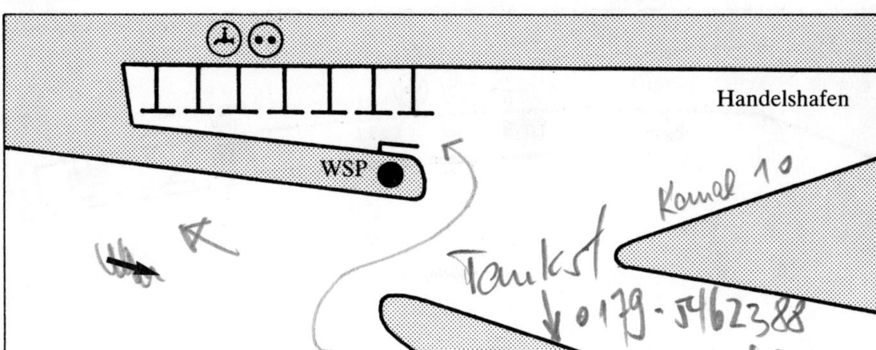

Kanu-Club „Jan Wellem" e. V.

	Mitglied DMYV	
Anschrift	Robert-Lehr-Ufer 25 4000 Düsseldorf 30	
Telefon	02 11 / 4 93 03 42	
Stützpunkt	–	
Hafen	Sporthafen	
Clubhaus	Bootshaus am Hafen. Bedingt bewirtschaftet.	
Anschrift/Telefon	s. o.	
Gastplätze	Vorhanden	
	Wasseranschluß	Vorhanden
	Stromanschluß	Vorhanden
	Toiletten	Vorhanden
	Duschen	–
Entsorgung	● Abfall	–
	● Chemietoiletten	–
	● Altöl	–

Versorgung und technische Dienste

Lebensmittel	Düsseldorf (1 km)
Schiffsbedarf	Heinrich Manns, Benrather Str. 7b, Eingang Hohe Str. 4000 Düsseldorf 1, Telefon 02 11 / 13 38 11
Motorendienste	–
Werften	H. Ahlbeer, Rotterdamer Str. 30, Im Yachthafen 4000 Düsseldorf 30, Telefon 02 11 / 45 32 58
Slip	–
Kran	–
Treibstoff	–
Fahrhinweis	Nur für kleinere Boote geeignet.

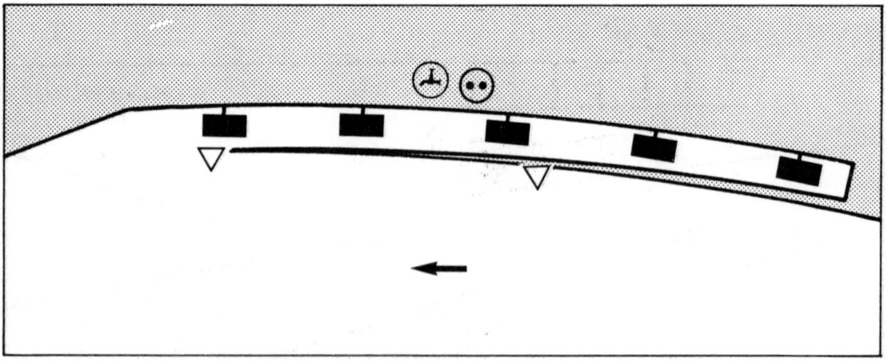

W. S. V. „Rheinwacht“ e. V.

	Mitglied DMYV	
Anschrift	Schäferstraße 2a 4000 Düsseldorf 30	
Telefon	02 11 / 46 63 00	
Stützpunkt	–	
Hafen	Yachthafen	
Clubhaus	–	
Gastplätze	Vorhanden	
	Wasseranschluß	Vorhanden
	Stromanschluß	Vorhanden
	Toiletten	Vorhanden
	Duschen	–
Entsorgung	● Abfall	Vorhanden
	● Chemietoiletten	–
	● Altöl	–

Versorgung und technische Dienste

Lebensmittel	Düsseldorf (1 km)
Schiffsbedarf	Heinrich Manns Benrather Straße 7b, Eingang Hohe Straße 4000 Düsseldorf 30, Telefon 02 11 / 13 38 11
Motorendienste	–
Werften	H. Ahlbeer, Rotterdamer Straße 30, Im Yachthafen 4000 Düsseldorf 30, Telefon 02 11 / 45 32 58
Slip	–
Kran	–
Treibstoff	–
Fahrhinweis	Hafenplan (A).

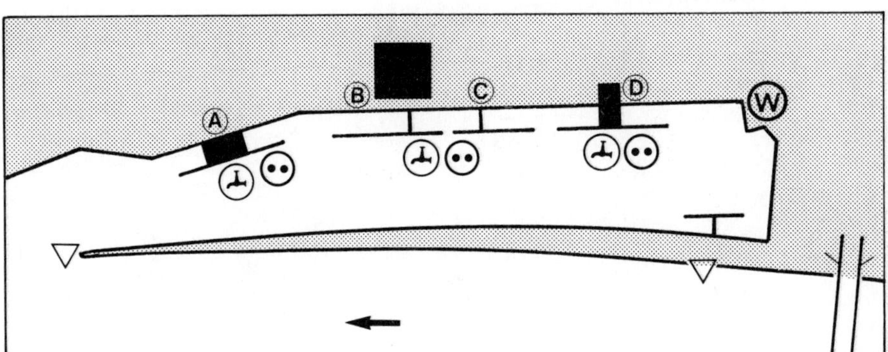

Düsseldorfer Yachtclub e. V.

	Mitglied DMYV, DSV	
Anschrift	Rotterdamer Straße 30 4000 Düsseldorf 30	
Telefon	02 11 / 43 28 02	
Stützpunkt	DMYV, Kreuzer-Abteilung des DSV	
Hafen	Yachthafen	
Clubhaus	Am Hafen Bewirtschaftet: Montag bis Sonntag ab 11.00 Uhr.	
Anschrift	s. o.	
Telefon	s. o.	
Gastplätze	Vorhanden	
	Wasseranschluß	Vorhanden
	Stromanschluß	Vorhanden
	Toiletten	Vorhanden
	Duschen	Vorhanden
Entsorgung	● Abfall	Vorhanden
	● Chemietoiletten	–
	● Altöl	–

Versorgung und technische Dienste

Lebensmittel	Düsseldorf (1 km)
Schiffsbedarf	Heinrich Manns Benrather Straße 7b Eingang Hohe Straße 4000 Düsseldorf 1 Telefon 02 11 / 13 38 11
Motorendienste	–
Werften	H. Ahlbeer Rotterdamer Straße 30 Im Yachthafen 4000 Düsseldorf 30 Telefon 02 11 / 45 32 58
Slip	Clubeigene Slipbahn bis 15 t
Kran	–
Treibstoff	–
Fahrhinweis	Hafenplan (B). siehe Seite 143

Wasser-Sport-Verein Düsseldorf 1893 e.V.

	Mitglied DMYV	
Anschrift	Rotterdamer Straße 40 4000 Düsseldorf 30	
Telefon	02 11 / 45 36 25	
Stützpunkt	–	
Hafen	Yachthafen	
Clubhaus	Am Hafen Bedingt bewirtschaftet.	
Anschrift	s. o.	
Telefon	s. o.	
Gastplätze	Vorhanden	
	Wasseranschluß	Vorhanden
	Stromanschluß	Vorhanden
	Toiletten	Vorhanden
	Duschen	–
Entsorgung	● Abfall	–
	● Chemietoiletten	–
	● Altöl	–

Versorgung und technische Dienste

Lebensmittel	Düsseldorf (1 km)
Schiffsbedarf	Heinrich Manns Benrather Straße 7b Eingang Hohe Straße 4000 Düsseldorf 1 Telefon 02 11 / 13 38 11
Motorendienste	–
Werften	H. Ahlbeer Rotterdamer Straße 30 Im Yachthafen 4000 Düsseldorf 30 Telefon 02 11 / 45 32 58
Slip	–
Kran	–
Treibstoff	–
Fahrhinweis	Hafenplan (C). siehe Seite 143

Yachtclub Niederrhein e.V.

	Mitglied DSV	
Anschrift	Altenbergstraße 4 4000 Düsseldorf 1	
Telefon	02 11 / 44 55 55	
Stützpunkt	–	
Hafen	Yachthafen	
Clubhaus	Auf dem Steg Nicht bewirtschaftet.	
Anschrift	Rotterdamer Straße 30 4000 Düsseldorf 30	
Telefon	–	
Gastplätze	Bedingt	
	Wasseranschluß	Vorhanden
	Stromanschluß	Vorhanden
	Toiletten	–
	Duschen	–
Entsorgung	● Abfall	–
	● Chemietoiletten	–
	● Altöl	–

Versorgung und technische Dienste

Lebensmittel	Düsseldorf (1 km)
Schiffsbedarf	Heinrich Manns Benrather Straße 7b Eingang Hohe Straße 4000 Düsseldorf 1 Telefon 02 11 / 13 38 11
Motorendienste	–
Werften	H. Ahlbeer Rotterdamer Straße 30 Im Yachthafen 4000 Düsseldorf 30 Telefon 02 11 / 45 32 58
Slip	–
Kran	–
Treibstoff	–
Fahrhinweis	Hafenplan (D). siehe Seite 143

Motor-Yacht-Club Düsseldorf e. V.

	Mitglied DMYV	
Anschrift	Bilker Allee 86 4000 Düsseldorf 1	
Telefon	02 11 / 34 73 62	
Stützpunkt	–	
Hafen	Paradieshafen	
Clubhaus	–	
Anschrift	– Telefon 02 11 / 59 15 35	
Gastplätze	Vorhanden	
	Wasseranschluß	Vorhanden
	Stromanschluß	Vorhanden
	Toiletten	–
	Duschen	Vorhanden
Entsorgung	● Abfall	–
	● Chemietoiletten	–
	● Altöl	–

Versorgung und technische Dienste

Lebensmittel	Oberlörick (1 km)
Schiffsbedarf	Heinrich Manns Benrather Straße 7b, Eingang Hohe Straße 4000 Düsseldorf 1, Telefon 02 11 / 13 38 11
Motorendienste	–
Werften	H. Ahlbeer, Rotterdamer Straße 30 Im Yachthafen 4000 Düsseldorf 30, Telefon 02 11 / 45 32 58
Slip	–
Kran	–
Treibstoff	–
Fahrhinweis	Hafenplan (A).

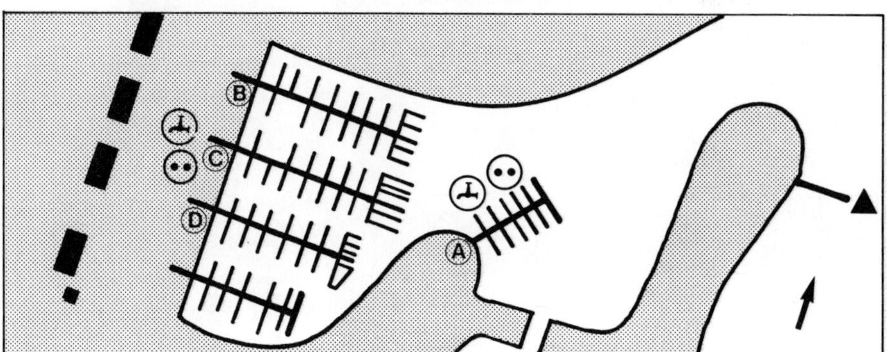

Kanu- und Yacht-Club Düsseldorf e. V.

	Mitglied DKV, DMYV, DSV	
Anschrift	Niederkasseler Deich 301 4000 Düsseldorf	
Telefon	02 11 / 59 13 38	
Stützpunkt	DKV	
Hafen	Paradieshafen	
Clubhaus	Am Hafen Bedingt bewirtschaftet.	
Anschrift	s. o.	
Telefon	s. o.	
Gastplätze	Vorhanden	
	Wasseranschluß	Vorhanden
	Stromanschluß	Vorhanden
	Toiletten	Vorhanden
	Duschen	Vorhanden
Entsorgung	● Abfall	Vorhanden
	● Chemietoiletten	–
	● Altöl	–

Versorgung und technische Dienste

Lebensmittel	Oberlörick (1 km)
Schiffsbedarf	Heinrich Manns Benrather Straße 7b Eingang Hohe Straße 4000 Düsseldorf 1 Telefon 02 11 / 13 38 11
Motorendienste	–
Werften	H. Ahlbeer Rotterdamer Straße 30 Im Yachthafen 4000 Düsseldorf 30 Telefon 02 11 / 45 32 58
Slip	–
Kran	–
Treibstoff	–
Fahrhinweis	Hafenplan (B). siehe Seite 147

Yacht-Club Graf Spee e. V.

	Mitglied DKV, DMYV, DSV	
Anschrift	Herzogstraße 40	
	4000 Düsseldorf	
Telefon	–	
Stützpunkt	DMYV	
Hafen	Paradieshafen	
Clubhaus	Bewirtschaftet: Dienstag bis Sonntag ab 14.00 Uhr.	
Anschrift	Niederkasseler Deich 299	
	4000 Düsseldorf	
	Telefon 02 11 / 5 91 53	
Gastplätze	Vorhanden	
	Wasseranschluß	Vorhanden
	Stromanschluß	Vorhanden
	Toiletten	Vorhanden
	Duschen	Vorhanden
Entsorgung	● Abfall	Vorhanden
	● Chemietoiletten	–
	● Altöl	–

Versorgung und technische Dienste

Lebensmittel	Oberlörick (1 km)
Schiffsbedarf	Heinrich Manns
	Benrather Straße 7b
	Eingang Hohe Straße
	4000 Düsseldorf 1
	Telefon 02 11 / 13 38 11
Motorendienste	Bruno Eßer, Bootsservice
	Telefon 02 11 / 4 35 02 84
Werften	H. Ahlbeer
	Rotterdamer Straße 30
	Im Yachthafen
	4000 Düsseldorf 30
	Telefon 02 11 / 45 32 58
Slip	–
Kran	–
Treibstoff	–
Fahrhinweis	Hafenplan (C).
	siehe Seite 147

Yachtclub Lörick e. V.

	Mitglied DSV	
Anschrift	Niederkasseler Deich 297 4000 Düsseldorf	
Telefon	02 11 / 59 22 21	
Stützpunkt	–	
Hafen	Paradieshafen	
Clubhaus	Am Hafen Bedingt bewirtschaftet.	
Anschrift	s. o.	
Telefon	s. o.	
Gastplätze	Vorhanden	
	Wasseranschluß	Vorhanden
	Stromanschluß	Vorhanden
	Toiletten	Vorhanden
	Duschen	Vorhanden
Entsorgung	● Abfall	Vorhanden
	● Chemietoiletten	–
	● Altöl	–

Versorgung und technische Dienste

Lebensmittel	Oberlörick (1 km)
Schiffsbedarf	Heinrich Manns Benrather Straße 7b, Eingang Hohe Straße 4000 Düsseldorf 1, Telefon 02 11 / 13 38 11 Lenz Rega-Port, Handelshafen 4000 Düsseldorf 1, Telefon 02 11 / 30 63 71
Motorendienste	–
Werften	H. Ahlbeer Rotterdamer Straße 30, Im Yachthafen 4000 Düsseldorf 30, Telefon 02 11 / 45 32 58
Slip	Clubeigene Slipanlage bis 1,5 t
Kran	–
Treibstoff	–
Fahrhinweis	Hafenplan (D). siehe Seite 147

Crefelder Yacht-Club e. V. 1967

	Mitglied DMYV, DSV	
Anschrift	Bataverstraße 20 4150 Krefeld-Rheinhafen	
Telefon	0 22 51 / 57 21 97	
Stützpunkt	DMYV	
Hafen	Yachthafen	
Clubhaus	Clubschiff am Hafen Bewirtschaftet: Montag bis Sonntag ab 11.00 Uhr (außer Dienstag).	
Anschrift	s. o.	
Telefon	s. o.	
Gastplätze	Vorhanden	
	Wasseranschluß	Vorhanden
	Stromanschluß	Vorhanden
	Toiletten	Vorhanden
	Duschen	Vorhanden
Entsorgung	● Abfall	Vorhanden
	● Chemietoiletten	–
	● Altöl	–

Versorgung und technische Dienste

Lebensmittel	Krefeld (1 km), Fahrrad steht beim Hafenmeister zur Verfügung.
Schiffsbedarf	Bootswerft W. Kother, Heidbergsweg 21 4150 Krefeld-Gellep, Telefon 0 21 51 / 57 08 70
Motorendienst	Diverse Firmen, Auskunft beim Hafenmeister
Werften	Bootswerft W. Kother Anschrift s. o.
Slip	Clubeigene Slipbahn bis 15 t
Kran	Mastenkran
Treibstoff	–
Fahrhinweis	Betonnung in der Einfahrt beachten.

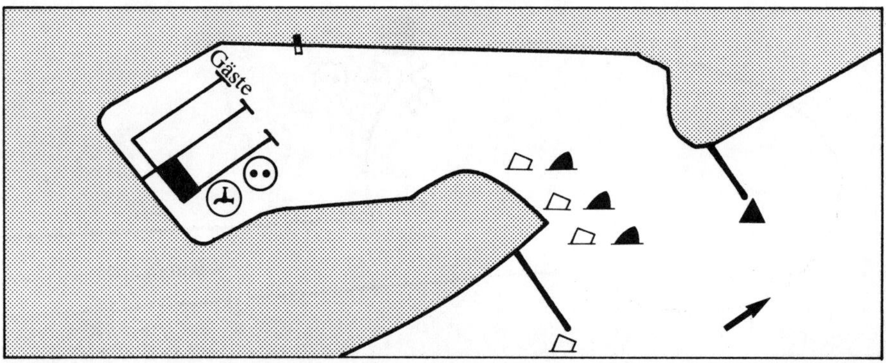

Krefelder Seglervereinigung 33 e. V.

	Mitglied DSV	
Anschrift	Steinrath 40	
	4150 Krefeld	
Telefon	0 21 51 / 30 12 39	
Stützpunkt	Kreuzer-Abteilung des DSV	
Hafen	Hafen Krefeld	
Clubhaus	Am Hafen. Bedingt bewirtschaftet.	
Anschrift	Latumer Straße 50	
	4150 Krefeld-Gellep, Telefon 0 21 51 / 57 38 99	
Gastplätze	Vorhanden	
	Wasseranschluß	Vorhanden
	Stromanschluß	Vorhanden
	Toiletten	Vorhanden
	Duschen	Vorhanden
Entsorgung	● Abfall	Vorhanden
	● Chemietoiletten	–
	● Altöl	–

Versorgung und technische Dienste

Lebensmittel	Krefeld (1 km)
Schiffsbedarf	Bootswerft W. Kother, Heidbergsweg 21 4150 Krefeld-Gellep, Telefon 0 21 51 / 57 08 70
Motorendienste	Günter Leroi, Florastraße 57 4150 Krefeld, Telefon 0 21 51 / 60 14 25
Werften	–
Slip	Clubeigene Slipbahn bis 15 t
Kran	Diverse Hafenkräne Hafen- und Bahnbetriebe der Stadt Krefeld Oberstraße 13, 4150 Krefeld-Uerdingen Telefon 0 21 51 / 4 60 21
Treibstoff	Benzin/Diesel = Straßentankstelle (800 m)
Fahrhinweis	Hafeneinfahrt nur von Unterstrom der Brücke anfahren. Steganlage 2000 m von der Hafeneinfahrt entfernt.

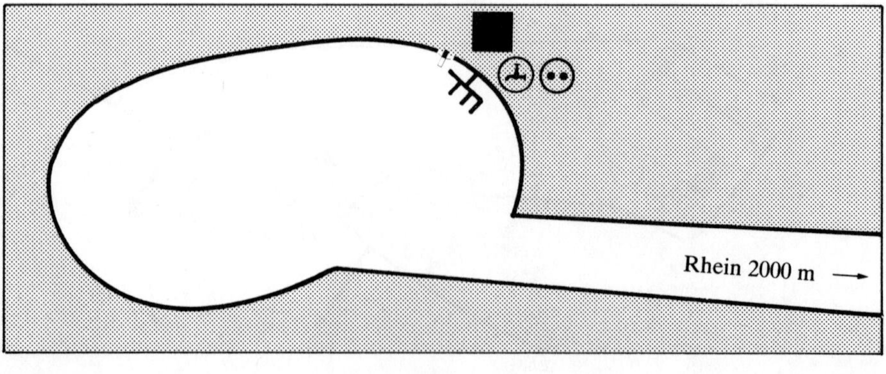

Ruhrorter Yacht-Club e.V.

	Mitglied DMYV, DKV, DSV	
Anschrift	Am Eisenbahnbassin 42	
	4100 Duisburg-Ruhrort	
Telefon	02 03 / 8 24 09	
Stützpunkt	DMYV, Kreuzer-Abteilung des DSV	
Hafen	Eisenbahnhafen	
Clubhaus	Am Hafen	
	Bewirtschaftet: Montag bis Sonntag ab 11.00 Uhr.	
Anschrift/Telefon	s. o.	
Gastplätze	Vorhanden	
	Wasseranschluß	Vorhanden
	Stromanschluß	Vorhanden
	Toiletten/Duschen	Vorhanden
Entsorgung	● Abfall	–
	● Chemietoiletten	–
	● Altöl	–

Versorgung und technische Dienste

Lebensmittel	Ruhrort (1 km)
Schiffsbedarf	Eisen Rustein, Harmoniestraße 22 4100 Duisburg-Ruhrort, Telefon 02 03 / 8 40 41 Schiffsbedarf Wittig, Max-Peters-Straße 13 4100 Duisburg 1, Telefon 02 03 / 31 50 41
Motorendienste	–
Werften	Fritz Lünnemann GmbH & Co. KG Krusestraße 3, Werfthafen 4100 Duisburg-Ruhrort, Telefon 02 03 / 8 60 21 Meidericher Schiffswerft Hafenbecken A, Postfach 12 05 01 4100 Duisburg-Meiderich, Telefon 02 03 / 4 40 04
Slip	–
Kran	Clubeigener Kran bis 2 t
Treibstoff	Diesel = Bunkerboot im Hafen
Fahrhinweis	Wahrschau: Auf aus- und einfahrende Schiffe aus dem Ruhrorter Hafen und manövrierende Fahrzeuge im Bereich der Duisburg-Ruhrorter Reede achten.

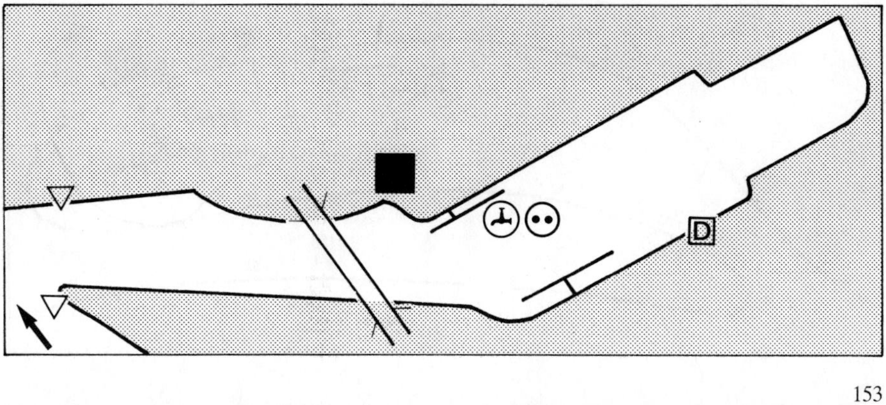

Yachtabteilung Ruder- und Tennisgesellschaft Wesel e.V.

	Mitglied DMYV, DSV	
Anschrift	Am Schornacker 10	
	4230 Wesel	
Telefon	02 81 / ~~53 00 25~~ 21885	
Stützpunkt	–	
Hafen	Sporthafen Wesel	
Clubhaus	Am Hafen. Bewirtschaftet.	
Anschrift	Am Sporthafen 7	
	4230 Wesel, Telefon 02 81 / 2 18 85	
Gastplätze	Vorhanden	
	Wasseranschluß	Vorhanden
	Stromanschluß	Vorhanden
	Toiletten	Vorhanden
	Duschen	Vorhanden
Entsorgung	● Abfall	Vorhanden
	● Chemietoiletten	–
	● Altöl	–

Versorgung und technische Dienste

Lebensmittel	Wesel (2 km)
Schiffsbedarf	Schrörs-Nautic, Schepersweg 33a
	4230 Wesel, Telefon 02 81 / 55 03
Motorendienste	Thomas Cramer, Blaufuß 48
	4230 Wesel, Telefon 02 81 / 6 58 57
	Schrörs-Nautic, Anschrift s. o.
Werften	Schless-Werft, Am Hafen
	4230 Wesel, Telefon 02 81 / 2 18 12
Slip	–
Kran	–
Treibstoff	–
Fahrhinweis	Hafenplan (A).

7.9.07
13.8.04
Rita + Werner

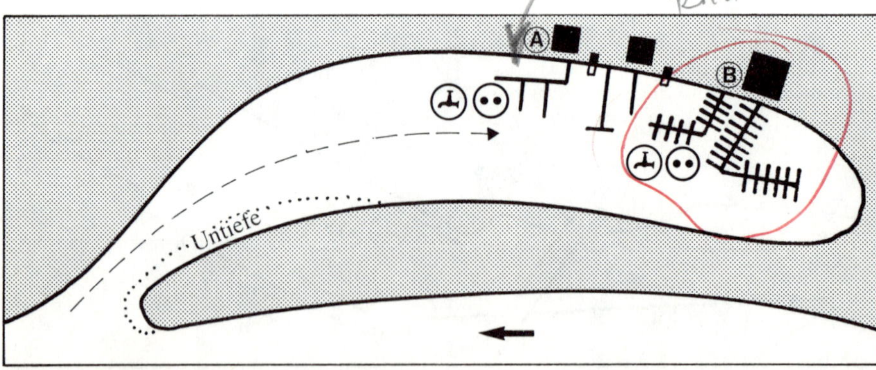

Yachtclub Wesel e. V.

	Mitglied DSV	
Anschrift	Am Yachthafen 4230 Wesel	
Telefon	02 81 / 2 39 22	
Stützpunkt	Kreuzer-Abteilung des DSV	
Hafen	Sporthafen Wesel	
Clubhaus	Am Hafen Bewirtschaftet: Dienstag bis Freitag ab 14.00 Uhr Samstag/Sonntag ab 11.00 Uhr	
Anschrift	s. o.	
Telefon	s. o.	
Gastplätze	Vorhanden	
	Wasseranschluß	Vorhanden
	Stromanschluß	Vorhanden
	Toiletten	Vorhanden
	Duschen	Vorhanden
Entsorgung	● Abfall	Vorhanden
	● Chemietoiletten	–
	● Altöl	–

Versorgung und technische Dienste

Lebensmittel	Wesel (2 km)
Schiffsbedarf	Schrörs-Nautic Schepersweg 33a 4230 Wesel Telefon 02 81 / 55 03
Motorendienste	Thomas Cramer Blaufuß 48 4230 Wesel Telefon 02 81 / 6 58 57 Schrörs-Nautic, Anschrift s. o.
Werften	Schless-Werft Am Hafen 4230 Wesel Telefon 02 81 / 2 18 12
Slip	Clubeigene Slipbahn
Kran	Mastenkran
Treibstoff	–
Fahrhinweis	Hafenplan (B). siehe Seite 154

Wassersportverein Xanten e. V.

	Mitglied DMYV	
Anschrift	Sonsbeckerstraße 34	
	4232 Xanten 1	
Telefon	–	
Stützpunkt	–	
Hafen	Sporthafen	
Clubhaus	–	
Gastplätze	Vorhanden	
	Wasseranschluß	Vorhanden
	Stromanschluß	Vorhanden
	Toiletten	Vorhanden
	Duschen	–
Entsorgung	● Abfall	–
	● Chemietoiletten	–
	● Altöl	–

Versorgung und technische Dienste

Lebensmittel	Niedermörmter (1 km)
Schiffsbedarf	Schrörs-Nautic, Schepersweg 33a
	4230 Wesel, Telefon 0281/5503
Motorendienste	Thomas Cramer, Blaufuß 48
	4230 Wesel, Telefon 0281/65857
	Schrörs-Nautic, Anschrift s. o.
Werften	Schless-Werft, Am Hafen
	4230 Wesel, Telefon 0281/21812
Slip	–
Kran	–
Treibstoff	–
Fahrhinweis	–

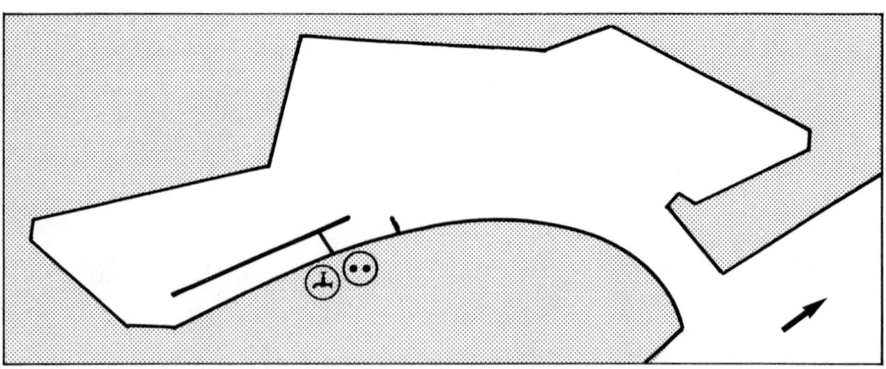

Wassersport-Club Rees e. V.

	Mitglied DMYV	
Anschrift	Vor dem Delltor 10	
	4242 Rees 1	
Telefon	0 28 51 / 78 54	
Stützpunkt	DMYV	
Hafen	Mahnensee	
Clubhaus	Am Hafen. Bedingt bewirtschaftet.	
Anschrift	4242 Rees/Mahnensee	
	Telefon 0 28 51 / 22 88	
Gastplätze	Vorhanden	
	Wasseranschluß	Vorhanden
	Stromanschluß	Vorhanden
	Toiletten	Vorhanden
	Duschen	Vorhanden
Entsorgung	● Abfall	Vorhanden
	● Chemietoiletten	Vorhanden
	● Altöl	–

Versorgung und technische Dienste

Lebensmittel	Rees (2,5 km)
	Proviantboot „Hein" (UKW 10)
Schiffsbedarf	Potra Marina, Am Sporthafen
	4240 Emmerich, Telefon 0 28 22 / 40 91
Motorendienste	Potra Marina, Anschrift s. o.
	Steffens Motoren, Bahnhofstraße 14
	4240 Emmerich, Telefon 0 28 22 / 4 52 56
Werften	Schless-Werft, Am Hafen
	4230 Wesel, Telefon 02 81 / 2 18 12
	Potra Marina, Anschrift s. o.
Slip	Clubeigene Slipbahn
Kran	–
Treibstoff	–
Fahrhinweis	Hafenplan (A).

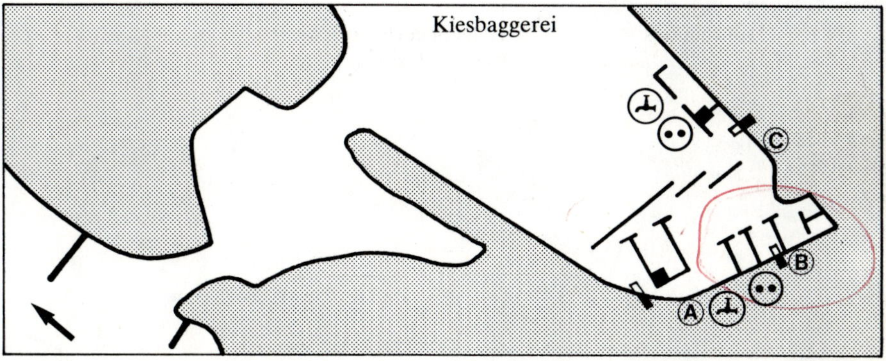

Rheinberger Yacht-Club 1971 e.V.

	Mitglied DMYV	
Anschrift	Habsburgerstraße 29 4100 Duisburg-Meiderich	
Telefon	02 03 / 44 75 72	
Stützpunkt	–	
Hafen	Mahnensee	
Clubhaus	–	
Gastplätze	Vorhanden	
	Wasseranschluß	Vorhanden
	Stromanschluß	Vorhanden
	Toiletten	Vorhanden
	Duschen	Vorhanden
Entsorgung	● Abfall	Vorhanden
	● Chemietoiletten	–
	● Altöl	–

Versorgung und technische Dienste

Lebensmittel	Rees (2,5 km) Proviantboot „Hein" (UKW 10)
Schiffsbedarf	Potra Marina Am Sporthafen 4240 Emmerich Telefon 0 28 22 / 40 91
Motorendienste	Potra Marina, Anschrift s. o. Steffens Motoren Bahnhofstraße 14 4240 Emmerich Telefon 0 28 22 / 4 52 56
Werften	Schless-Werft Am Hafen 4230 Wesel Telefon 02 81 / 2 18 12 Potra Marina, Anschrift s. o.
Slip	Clubeigene Slipbahn
Kran	–
Treibstoff	–
Fahrhinweis	Hafenplan (B). siehe Seite 157

Segel-Club Grafenwald e. V.

	Mitglied DSV	
Anschrift	Poettering 2 4250 Bottrop-Kirchhellen	
Telefon	0 20 45 / 55 44	
Stützpunkt	–	
Hafen	Mahnensee	
Clubhaus	Am Hafen. Bedingt bewirtschaftet.	
Anschrift	4242 Rees/Mahnensee Telefon 0 28 51 / 30 01	
Gastplätze	Vorhanden	
	Wasseranschluß	Vorhanden
	Stromanschluß	Vorhanden
	Toiletten	Vorhanden
	Duschen	Vorhanden
Entsorgung	● Abfall	Vorhanden
	● Chemietoiletten	–
	● Altöl	–

Versorgung und technische Dienste

Lebensmittel	Rees (2,5 km)
Schiffsbedarf	Potra Marina Am Sporthafen 4240 Emmerich Telefon 0 28 22 / 40 91
Motorendienste	Potra Marina, Anschrift s. o. Steffens Motoren Bahnhofstraße 14 4240 Emmerich Telefon 0 28 22 / 4 52 56
Werften	Schless-Werft Am Hafen 4230 Wesel Telefon 02 81 / 2 18 12 Potra Marina, Anschrift s. o.
Slip	Clubeigene Slipbahn
Kran	–
Treibstoff	–
Fahrhinweis	Hafenplan (C). siehe Seite 157

Emmericher Yachtclub e.V.

	Mitglied DMYV, DSV	
Anschrift	Postfach 17 06	
	4240 Emmerich	
Telefon	0 28 22 / 7 00 88	
Stützpunkt	Kreuzer-Abteilung des DSV	
Hafen	Sporthafen Emmerich	
Clubhaus	siehe Potra Marina	
Telefon	0 28 22 / 7 02 26	
Gastplätze	Vorhanden	
	Wasseranschluß	Vorhanden
	Stromanschluß	Vorhanden
	Toiletten	Vorhanden
	Duschen	–
Entsorgung	● Abfall	–
	● Chemietoiletten	–
	● Altöl	–

Versorgung und technische Dienste

Lebensmittel	Emmerich (2 km)
Schiffsbedarf	Potra Marina, Am Sporthafen 4240 Emmerich, Telefon 0 28 22 / 40 91
Motorendienste	Potra Marina, Anschrift s. o. Steffens Motoren, Bahnhofstraße 14 4240 Emmerich, Telefon 0 28 22 / 4 52 56
Werften	Schless-Werft, Am Hafen 4230 Wesel, Telefon 02 81 / 2 18 12 Potra Marina, Anschrift s. o.
Slip	–
Kran	–
Treibstoff	–
Fahrhinweis	Hafenplan (A).

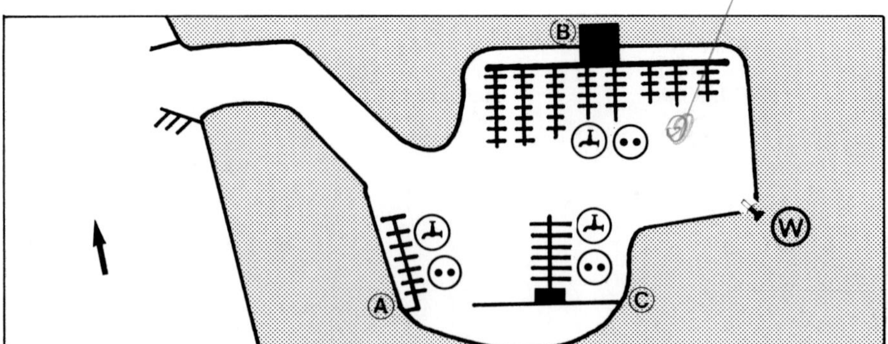

Potra Marina

02822 - 4091
0175 - 6308420
0172 - 2939393
02822 - 538150

	Mitglied –	
Anschrift	Am Hüthumer Meer 4240 Emmerich	
Telefon	0 28 22 / 40 91 und 40 92	
Stützpunkt	–	
Hafen	Sporthafen Emmerich	
Clubhaus	Restaurationsschiff am Hafen Bewirtschaftet: Montag bis Sonntag ab 11.00 Uhr.	
Anschrift	s. o.	
Telefon	0 28 22 / 7 02 26	
Gastplätze	Vorhanden	
	Wasseranschluß	Vorhanden
	Stromanschluß	Vorhanden
	Toiletten	Vorhanden
	Duschen	Vorhanden
Entsorgung	● Abfall	Vorhanden
	● Chemietoiletten	–
	● Altöl	Vorhanden

Versorgung und technische Dienste

Lebensmittel	Emmerich (2 km)
Schiffsbedarf	Potra Marina, Am Sporthafen 4240 Emmerich, Telefon 0 28 22 / 40 91
Motorendienste	Potra Marina, Anschrift s. o. Steffens Motoren Bahnhofstraße 14 4240 Emmerich Telefon 0 28 22 / 4 52 56
Werften	Schless-Werft Am Hafen 4230 Wesel Telefon 02 81 / 2 18 12 Potra Marina, Anschrift s. o.
Slip	Eigene Slipbahn
Kran	Eigener Kran bis 25 t
Treibstoff	–
Fahrhinweis	Hafenplan (B). siehe Seite 160

Neusser Yacht-Club e. V.

	Mitglied DMYV	
Anschrift	Postfach 10 11 17 Floßhafenstraße 11 4040 Neuss	
Telefon	0 28 22 / 40 91	
Stützpunkt	DMYV	
Hafen	Sporthafen Emmerich	
Clubhaus	Clubschiff am Hafen. Bewirtschaftet: Samstag/Sonntag ab 11.00 Uhr.	
Anschrift	–	
Telefon	–	
Gastplätze	Vorhanden	
	Wasseranschluß	Vorhanden
	Stromanschluß	Vorhanden
	Toiletten	Vorhanden
	Duschen	Vorhanden
Entsorgung	● Abfall	Vorhanden
	● Chemietoiletten	–
	● Altöl	Vorhanden

Versorgung und technische Dienste

Lebensmittel	Emmerich (2 km)
Schiffsbedarf	Potra Marina Am Sporthafen 4240 Emmerich Telefon 0 28 22 / 40 91
Motorendienste	Potra Marina, Anschrift s. o. Steffens Motoren Bahnhofstraße 14 4240 Emmerich Telefon 0 28 22 / 4 52 56
Werften	Schless-Werft Am Hafen 4230 Wesel Telefon 02 81 / 2 18 12 Potra Marina, Anschrift s. o.
Slip	Potra Marina
Kran	Potra Marina
Treibstoff	–
Fahrhinweis	Hafenplan (C). siehe Seite 160

Klever Segelgemeinschaft 1962 e. V.

	Mitglied DSV	
Anschrift	Stadtbadstraße 5 4190 Kleve	
Telefon	0 28 21 / 2 31 72	
Stützpunkt	Kreuzer-Abteilung des DSV	
Hafen	Kleve-Brienen	
Clubhaus	Am Hafen	
Anschrift	–	
Telefon	–	
Gastplätze	Vorhanden	
	Wasseranschluß	Vorhanden
	Stromanschluß	Vorhanden
	Toiletten	Vorhanden
	Duschen	Vorhanden
Entsorgung	● Abfall	Vorhanden
	● Chemietoiletten	–
	● Altöl	–

Versorgung und technische Dienste

Lebensmittel	Waldhausen (3 km)
Schiffsbedarf	Angel & Boot, Kavariner Straße 4190 Kleve, Telefon 0 28 21 / 2 35 25
Motorendienste	B. V. Scheepswerf de Hoop, Bijlandseweg 17 NL-6916 BH Tolkamer, Telefon 00 31 - 83 65 / 10 41
Werften	B. V. Scheepswerf de Hoop, Anschrift s. o.
Slip	–
Kran	Kran im Hafen Kleve bis 5 t Stadtwerke GmbH Kleve, Hafenamt, Flutstraße 36 4190 Kleve, Telefon 0 28 21 / 2 40 01
Treibstoff	–
Fahrhinweis	–

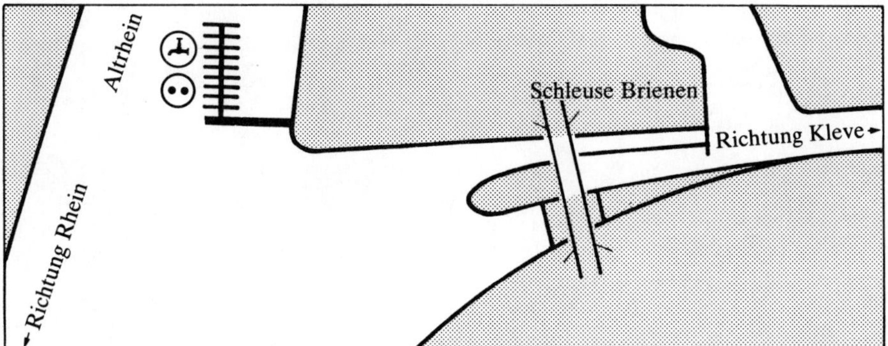

Teil 5

- **Häfen der Berufsschiffahrt**

km 595,70	**Vallendar**	**RU**
Hafenverwaltung	BUS Bendorfer Umschlag- und Speditions-GmbH Rheinwerft 5414 Vallendar Telefon 0261/406 15	
km 596,60	**Wallersheim**	**LU**
Hafenverwaltung	Stadtwerke Koblenz GmbH Hafen- und Bahnbetriebe Koblenz Gymnasialstraße 1 Postfach 2065 5400 Koblenz Telefon 0261/37086	
km 598,90–599,87	**Bendorf**	**RU**
Hafenverwaltung	Stadtwerke Bendorf Untere Rheinau 30 5413 Bendorf Telefon 02622/2021	
km 605,60–607,10	**Weißenthurm**	**LU**
Hafenverwaltung	Stadtverwaltung Weißenthurm Rathaus 5452 Weißenthurm Telefon 02637/2051	
km 606,00–608,70	**Neuwied**	**RU**
Hafenverwaltung	Stadtwerke Neuwied GmbH Hafenstraße 90 5450 Neuwied Telefon 02631/850	
km 611,95–612,80 **km 613,80–614,00**	**Andernach**	**LU**
Hafenverwaltung	Stadtwerke Andernach Rheinhafen 5470 Andernach Telefon 02632/44011	

km 621,70	**Brohl**	**LU**
Hafenverwaltung	Wasser- und Schiffahrtsamt Bingen Hafenamt Brohl-Lützing Koblenzer Straße 23 5474 Brohl Telefon 0 26 33 / 10 09	
km 639,10	**Oberwinter**	**LU**
Hafenverwaltung	Wasser- und Schiffahrtsamt Bingen Außenbezirk Brohl Koblenzer Straße 23 5474 Brohl Telefon 0 26 33 / 10 09	
km 657,60–658,50	**Bonn**	**LU**
Hafenverwaltung	Stadtwerke Bonn Werftstraße 68 5300 Bonn Telefon 02 28 / 71 13 58	
km 666,95–667,15	**Lülsdorf**	**RU**
Hafenverwaltung	Dynamit Nobel AG Werk Lülsdorf 5216 Niederkassel-Ranzel Telefon 0 22 08 / 6 90	
km 667,93–672,30	**Wesseling**	**LU**
Hafenverwaltung	Köln-Bonner Eisenbahnen AG Hafenbetriebsverwaltung Scheidtweiler Straße 38 5000 Köln 41 Telefon 02 21 / 547 - 0 Hafenmeister Telefon 0 22 36 / 4 26 44	
km 685,80–678,50	**Köln**	**LU**
Hafenverwaltung	Häfen der Stadt Köln Bayenstraße 2 5000 Köln 1 Telefon 02 21 / 3 38 11	

Häfen der Berufsschiffahrt

km 687,30	**Deutz**	**RU**
Hafenverwaltung	Häfen der Stadt Köln Bayenstraße 2 5000 Köln 1 Telefon 02 21 / 3 38 11	

km 687,50	**Rheinau**	**LU**
Hafenverwaltung	Häfen der Stadt Köln Bayenstraße 2 5000 Köln 1 Telefon 02 21 / 3 38 11	

km 691,50	**Mülheim**	**RU**
Hafenverwaltung	Häfen der Stadt Köln Bayenstraße 2 5000 Köln 1 Telefon 02 21 / 3 38 11	

km 695,80	**Niehl I**	**LU**
Hafenverwaltung	Häfen der Stadt Köln Bayenstraße 2 5000 Köln 1 Telefon 02 21 / 3 38 11	

km 699,10	**Niehl II**	**LU**
Hafenverwaltung	Häfen der Stadt Köln Bayenstraße 2 5000 Köln 1 Telefon 02 21 / 3 38 11	

km 699,00–700,50	**Leverkusen**	**RU**
Hafenverwaltung	Hafenbetriebe der Bayer AG Bayerwerk 5090 Leverkusen Telefon 02 14 / 30 - 6 58 83	

km 722,50–723,90	**Reisholz**	**RU**
Hafenverwaltung	Städtische Häfen Düsseldorf Franziusstraße 3 4000 Düsseldorf Telefon 02 11 / 3 01 21	
km 740,20	**Neuss**	**LU**
Hafenverwaltung	Städtische Hafenbetriebe Neuss Hammer Landstraße 3 4040 Neuss Telefon 0 21 01 / 2 06 82 27	
km 740,25–740,50	**Heerdt**	**LU**
Hafenverwaltung	Städtische Häfen Düsseldorf Franziusstraße 3 4000 Düsseldorf Telefon 02 11 / 3 01 21	
km 743,10	**Düsseldorf**	**RU**
Hafenverwaltung	Städtische Häfen Düsseldorf Franziusstraße 3 4000 Düsseldorf Telefon 02 11 / 3 01 21	
km 762,10–766,30	**Krefeld**	**LU**
Hafenverwaltung	Hafen- und Bahnbetriebe der Stadt Krefeld Oberstraße 13 4150 Krefeld Telefon 0 21 51 / 4 60 21	
km 769,30–794,55	**Duisburg-Ruhrort**	**–**
Hafenverwaltung	Duisburg-Ruhrorter Häfen AG Alte Ruhrorter Straße 42–52 4100 Duisburg 13 Telefon 02 03 / 80 31	

Häfen der Berufsschiffahrt

km 770,30	**Huckingen**	**RU**
Hafenverwaltung	Mannesmann-Röhren-Werke AG Ehinger Straße 200 4100 Duisburg-Huckingen Telefon 02 03 / 85 58 15	
km 770,95–771,30	**Wanheim**	**RU**
Hafenverwaltung	Berzelius Metallhütten GmbH Richard-Seiffert-Straße 20 4100 Duisburg-Wanheim Telefon 02 03 / 7 78 50	
km 773,55	**Rheinhausen**	**LU**
Hafenverwaltung	Krupp Stahl AG Werk Rheinhausen Postfach 14 19 80 4100 Duisburg 14 Telefon 02 03 / 7 91	
km 775,66–776,49	**Kupferhütte**	**RU**
Hafenverwaltung	Duisburger Kupferhütte Werthauser Straße 182 4100 Duisburg Telefon 02 03 / 60 10	
km 778,00	**Essenberg**	**LU**
Hafenverwaltung	Bergbau AG Niederrhein Postfach 17 02 60 4100 Duisburg 17 Telefon 0 21 36 / 2 51	
km 778,81–779,75	**Homberg**	**LU**
Hafenverwaltung	Verschiedene Industrie-Unternehmen	
km 780,80	**Homberg**	**LU**
Hafenverwaltung	Wasser- und Schiffahrtsamt Duisburg Königstraße 84 4100 Duisburg 17 Telefon 02 03 / 20 21	

km 781,10	**Rheinpreußen**	**LU**
Hafenverwaltung	Bergbau AG Niederrhein Postfach 17 02 60 4100 Duisburg 17 Telefon 0 21 36 / 2 51 Rheinpreußen AG Baumstraße 31 4100 Duisburg 17 Telefon 0 21 36 / 2 31	

km 790,20	**Schwelgern**	**RU**
Hafenverwaltung	Gemeinschaftsbetrieb Eisenbahn und Häfen Franz-Lenze-Straße 15 4100 Duisburg 11 Telefon 02 03 / 5 21	

km 791,20	**Südhafen Walsum**	**RU**
Hafenverwaltung	Gemeinschaftsbetrieb Eisenbahn und Häfen Franz-Lenze-Straße 15 4100 Duisburg 11 Telefon 02 03 / 5 21	

km 793,00	**Nordhafen Walsum**	**RU**
Hafenverwaltung	Bergbau AG Niederrhein Postfach 17 02 60 4100 Duisburg 17 Telefon 0 21 36 / 2 51	

km 793,80–794,55	**Orsoy**	**LU**
Hafenverwaltung	Niederrheinische Verkehrsbetriebe AG Rheinhafen Orsoy Homberger Straße 113 4130 Moers Telefon 0 28 42 / 20 50	

Häfen der Berufsschiffahrt

km 806,33–807,23	**Ossenberg**	**LU**
Hafenverwaltung	Deutsche Solvay-Werke GmbH Xantener Straße 237 4134 Rheinberg Telefon 0 28 43 / 7 33 49	
km 813,20	**Rhein-Lippe-Hafen**	**RU**
Hafenverwaltung	Rhein-Lippe-Hafen Wesel GmbH Brückstraße 33 4230 Wesel Telefon 02 81 / 2 21 90	
km 814,50–815,10	**Wesel**	**RU**
Hafenverwaltung	Wasser- und Schiffahrtsamt Duisburg Königstraße 84 4100 Duisburg 17 Telefon 0 21 36 / 2 00 60 Hafenmeister: Telefon 02 81 / 2 31 68	
km 847,60–853,13	**Emmerich**	**RU**
Hafenverwaltung	Stadtwerke Emmerich GmbH Dederichstraße 2 4240 Emmerich Telefon 0 28 22 / 6 04 13 Hafenmeister: Telefon 0 28 22 / 6 04 57	
km 857,00	**Spijk**	**LU**
Hafenverwaltung	AMD Ölmühlen GmbH Postfach 20 80 4190 Kleve Telefon 0 28 21 / 90 41	
km 863,39	**Lobith**	**RU**
Hafenverwaltung	Rijkswaterstaat directie Bovenriv. Rijkskantorengebouw Gildemeestersplein 1 Arnhem Telefon 00 31 - 85 / 68 89 11 Hafenmeister: Telefon 00 31 - 83 65 / 12 70	

Teil 6

- **Wasser- und Schiffahrtverwaltungen**
- **Wasserschutzpolizei**
- **Zollämter**

Wasser- und Schiffahrtsverwaltungen

Wasser- und Schiffahrtsverwaltungen

LU 591,00–642,20 RU 591,00–639,26	Wasser- und Schiffahrtsdirektion Südwest Stresemannufer 2 6500 Mainz Telefon 06131/20911
LU 642,20–865,45 RU 639,26–857,68	Wasser- und Schiffahrtsdirektion West Cheruskerring 11 4400 Münster Telefon 0251/27081

Wasser- und Schiffahrtsämter

LU 591,00–642,20 RU 591,00–639,26	Wasser- und Schiffahrtsamt Bingen Schloßstraße 36 6530 Bingen Telefon 06721/32016
LU 642,20–759,70 RU 639,26–759,70	Wasser- und Schiffahrtsamt Köln An der Münze 8 5000 Köln 1 Telefon 0221/734686
LU 759,70–865,48 RU 759,70–857,68	Wasser- und Schiffahrtsamt Duisburg-Rhein Königstraße 84 4100 Duisburg 17 Telefon 02136/20060

Wasserschutzpolizeidirektionen

LU 591,00–642,23 RU 591,00–639,24	Wasserschutzpolizeiamt Rheinland-Pfalz Am Winterhafen 21 6500 Mainz Telefon 0 61 31 / 23 39 57
LU 643,20–865,48 RU 639,24–857,68	Der Polizeipräsident der Wasserschutzpolizei Nordrhein Westfalen Moerser Straße 219 4100 Duisburg 17 Telefon 0 21 36 / 20 30

Wasserschutzpolizei-Abschnitte

LU 591,00–642,23 RU 591,00–639,24	Wasserschutzpolizei-Abschnitt Rhein-Nord Hofstraße 261 5400 Koblenz-Ehrenbreitstein Telefon 02 61 / 7 10 55
LU 642,23–757,00 RU 639,24–757,00	Wasserschutzpolizei-Abschnitt Köln Rheinauhafen 5000 Köln 1 Telefon 02 21 / 31 49 71
LU 757,00–865,45 RU 757,00–857,68	Wasserschutzpolizei-Abschnitt Duisburg Vinckeufer 16 4100 Duisburg 13 Telefon 02 03 / 8 20 07

Wasserschutzpolizei-Stationen, Reviere und Posten

LU 591,00–599,00 RU 591,00–599,00	Wasserschutzpolizei Station Koblenz-Ehrenbreitstein Hofstraße 261 5400 Koblenz-Ehrenbreitstein Telefon 02 61 / 7 10 55
LU 599,00–620,50 RU 599,00–620,50	Wasserschutzpolizei Station Neuwied Deichstraße 29 5450 Neuwied Telefon 0 26 31 / 2 50 16
LU 620,50–642,23 RU 620,50–639,27	Wasserschutzpolizei Station Linz Am Gestade 8 5460 Linz Telefon 0 26 44 / 27 36
LU 642,23–664,00 RU 639,27–664,00	Wasserschutzpolizei Station Bonn Rheinaustraße 132 5300 Bonn-Beuel Telefon 02 28 / 46 10 33

LU 664,00–676,00 RU 664,00–676,00	Wasserschutzpolizei Posten Wesseling Uferstraße 1 5047 Wesseling Telefon 02236/42727
LU 664,00–716,00 RU 664,00–716,00	Wasserschutzpolizei Station Köln Rheinauhafen 5000 Köln 1 Telefon 0221/314971
LU 716,00–757,00 RU 716,00–757,00	Wasserschutzpolizei Station Düsseldorf Zollhof 12 4000 Düsseldorf 1 Telefon 0211/394075
LU 757,00–798,00 RU 757,00–798,00	Wasserschutzpolizei Station Duisburg Vinckeufer 16 4100 Duisburg 13 Telefon 0203/82007
LU 798,00–843,00 RU 798,00–843,00	Wasserschutzpolizei Station Wesel Werftstraße 9 4230 Wesel Telefon 0281/24060
LU 843,00–857,68 RU 843,00–865,45	Wasserschutzpolizei Station Emmerich Am Wassertor 4 4240 Emmerich 1 Telefon 02822/4006

km 851,90	Hauptzollamt Emmerich Parkring 6 4240 Emmerich Telefon 0 28 22 / 7 00 48
km 851,80	Zollamt Emmerich-Hafen Rheinpromenade 1 4240 Emmerich Telefon 0 28 22 / 7 00 03 Grenzabfertigungsstelle für Sportfahrzeuge, die in die Bundesrepublik einlaufen.
km 862,30	Deutsche Zollabfertigungsstelle Lobith Lobith-Tolkamer Europakade 1 Telefon 00 31 - 81 25 / 1 20

- **Ortsregister**

Ortsregister

Ortsregister

Ortsregister